DeepSeek Sheets

Intelligente Budgetverwaltung

Claudia Graf

DeepSeek Sheets

Intelligente Budgetverwaltung

Veröffentlicht von
Claudia Graf

ISBN
9798282189162

Urheberrechtshinweis

Haftungsausschluss:

INHALTSVERZEICHNIS

EINLEITUNG

Vor acht Jahren stand ich genau dort, wo Sie vielleicht heute stehen: Umgeben von Zahlenchaos, unzähligen Tabellenblättern und dem nagenden Gefühl, dass meine Finanzübersicht mehr Fragen aufwarf als beantwortete. Als Controllerin und Finanzberaterin für mittelständische Unternehmen suchte ich verzweifelt nach einem Weg, aus dem Datenwirrwarr klare, handlungsrelevante Einsichten zu gewinnen – ohne teure Spezialsoftware oder komplexe IT-Projekte.

Die Lösung fand ich an einem unerwarteten Ort: Google Sheets, dieses vermeintlich simple Tool, das auf fast jedem Rechner bereits installiert war. Doch nicht in seiner Grundform, sondern durch die systematische Anwendung intelligenter Analyseansätze, die ich heute unter dem Begriff "DeepSeek" zusammenfasse. Dieser Ansatz verwandelte meine Budgetverwaltung von einer lästigen Pflichtübung in ein strategisches Werkzeug zur Gewinnmaximierung.

Google Sheets ist kein gewöhnliches Tabellenkalkulationsprogramm. In Verbindung mit den richtigen Methoden wird es zu einem Präzisionsinstrument für Ihre finanzielle Steuerung. Ich erinnere mich an einen Handwerksbetrieb, der jahrelang seine Aufträge nach Bauchgefühl kalkulierte. Nachdem wir gemeinsam ein intelligentes Budget-Sheet entwickelt hatten, entdeckte der Inhaber, dass zwei seiner sechs Dienstleistungskategorien durchgehend Verluste produzierten – eine Erkenntnis, die sein Geschäftsmodell grundlegend veränderte und seinen Gewinn innerhalb eines Jahres verdoppelte.

Mein Ziel mit diesem Buch ist klar: Ich möchte Ihnen zeigen, wie Sie Google Sheets von einem passiven Dokumentationstool in einen aktiven Hebel für Ihren finanziellen Erfolg verwandeln. Sie lernen nicht nur die technischen Aspekte der Tabellenkalkulation kennen, sondern vor allem, wie Sie die richtigen Fragen an Ihre Daten stellen und Antworten finden, die Ihr Geschäft voranbringen.

Die Herausforderungen, mit denen Sie als Finanzverantwortlicher eines KMU, als Unternehmer oder Selbstständiger konfrontiert sind, kenne ich aus erster Hand. Zeit ist knapp, Ressourcen sind begrenzt, und dennoch müssen Sie täglich weitreichende Entscheidungen treffen. In dieser Situation brauchen Sie kein kompliziertes ERP-System, sondern einen klaren, strukturierten Ansatz, der Ihnen sofort dabei hilft:

- Zu verstehen, welche Kunden, Produkte oder Dienstleistungen wirklich profitabel sind
- Kostenverursacher präzise zu identifizieren und zu kontrollieren
- Ressourcen gezielt dort einzusetzen, wo sie den größten Gewinn generieren
- Finanzielle Trends frühzeitig zu erkennen und proaktiv zu handeln
- Faktenbasierte Entscheidungen zu treffen, statt sich auf Gefühle zu verlassen

Der entscheidende Unterschied meiner Methode liegt nicht in komplizierten Formeln oder undurchsichtigen Algorithmen, sondern in der Art, wie wir Daten strukturieren, analysieren und interpretieren. Ich nenne diesen Ansatz "DeepSeek", weil er in die Tiefe Ihrer Finanzdaten eintaucht, um verborgene Muster und Chancen aufzudecken.

Ein Beratungskunde beschrieb die Transformation einmal treffend: "Vorher waren meine Sheets wie ein unübersichtlicher Zettelkasten – jetzt sind sie mein finanzielles Navigationssystem." Diese Metapher gefällt mir, denn genau darum geht es: Aus einem passiven Aufzeichnungssystem wird ein aktiver Navigator, der Ihnen den profitabelsten Weg weist.

Was Sie in diesem Buch nicht finden werden, sind theoretische Abhandlungen über Controlling-Grundsätze oder Programmieranleitungen für Fortgeschrittene. Stattdessen konzentriere ich mich auf praktische, sofort umsetzbare Methoden, die Ihnen – unabhängig von Ihrem technischen Kenntnisstand – schnell zu besseren finanziellen Ergebnissen verhelfen.

Die Reise durch dieses Buch gliedert sich in fünf logische Abschnitte, die Ihren Weg von der Grundlagenarbeit bis zur vollständigen Automatisierung Ihrer Finanzsteuerung begleiten:

Im ersten Kapitel legen wir das Fundament. Sie lernen, wie Sie Ihre Finanzdaten so strukturieren, dass sie für tiefgehende Analysen optimal vorbereitet sind. Ich zeige Ihnen, wie Sie Ihre Google Sheets für maximale Analyse-Power optimieren und welche Grundprinzipien eine solide Datenbasis ausmachen.

Das zweite Kapitel führt Sie in die Welt der grundlegenden Rentabilitätsanalysen ein. Hier entdecken Sie, wie einfache Kennzahlen und Visualisierungstechniken bereits wertvolle Einblicke liefern können. Sie werden lernen, Brutto- und Nettomargen auf Knopfdruck zu berechnen und aussagekräftige Diagramme zu erstellen, die Finanztrends sofort sichtbar machen.

Im dritten Kapitel tauchen wir tiefer ein und identifizieren versteckte Profit-Quellen und Kostenfresser. Die Rentabilitäts-Matrix hilft Ihnen, Ihre profitabelsten Kundensegmente klar herauszuarbeiten und die Rentabilität pro Dienstleistung oder Produktgruppe präzise zu bestimmen. Hier kommen fortgeschrittene DeepSeek-Methoden zum Einsatz, um Muster zu erkennen, die dem menschlichen Auge oft verborgen bleiben.

Das vierte Kapitel widmet sich der Frage, wie Sie aus Ihren Analyseergebnissen konkrete Handlungsfelder ableiten. Sie lernen,

Ihre Preisstrategien basierend auf Rentabilitätsdaten zu justieren und Ihre Ressourcen gezielt auf die profitabelsten Bereiche zu konzentrieren. Mit Szenario-Planungen simulieren Sie zukünftige Auswirkungen Ihrer Entscheidungen, bevor Sie sie treffen.

Im fünften und letzten Kapitel automatisieren wir Ihre Finanzsteuerung mit einem intelligenten Budget-Cockpit. Sie erfahren, wie Sie ein interaktives Finanz-Dashboard gestalten, das Ihre wichtigsten Kennzahlen auf einen Blick visualisiert, und wie Sie automatisierte Berichte erstellen, die Ihnen Zeit sparen und Fehlerquellen minimieren.

Jeder Abschnitt baut auf dem vorherigen auf, aber Sie können je nach Ihrem Kenntnisstand und Ihren spezifischen Bedürfnissen auch gezielt einzelne Kapitel herausgreifen. Für Einsteiger empfehle ich jedoch, der vorgeschlagenen Reihenfolge zu folgen, um ein solides Fundament zu schaffen.

Was mich immer wieder begeistert, ist die Transformation, die ich bei meinen Kunden beobachte: Der Moment, in dem sich Zahlenchaos in Klarheit verwandelt und sie plötzlich die finanziellen Hebel ihres Geschäfts erkennen und nutzen können. Diese Aha-Momente möchte ich auch Ihnen ermöglichen.

Ich lade Sie ein, Ihre Finanzbrille aufzusetzen und mit mir in die Welt der intelligenten Budgetverwaltung einzutauchen. Lassen Sie uns gemeinsam Ihre Tabellenkalkulationen von bloßen Zahlenspeichern in strategische Erfolgswerkzeuge verwandeln. Ob Sie bereits Erfahrung mit Google Sheets haben oder gerade erst beginnen – dieses Buch wird Ihnen neue Perspektiven eröffnen und konkrete Werkzeuge an die Hand geben, um Ihre Profitabilität nachhaltig zu steigern.

Sind Sie bereit, den finanziellen Durchblick zu gewinnen und jede geschäftliche Entscheidung auf ein solides Zahlengerüst zu stellen? Dann blättern Sie um und entdecken Sie das volle Potenzial von DeepSeek Sheets für Ihren Erfolg.

IHR WEGWEISER ZUR INTELLIGENTEN BUDGETVERWALTUNG: DEN STATUS QUO ÜBERWINDEN

DIE GRENZEN MANUELLER BUDGETIERUNG IN GOOGLE SHEETS ERKENNEN

Vor acht Jahren saß ich bis spät in die Nacht im Büro einer mittelständischen Schreinerei. Der Inhaber blickte verzweifelt auf sein Google Sheet mit unzähligen Tabs, Farben und Zahlenkolonnen. "Ich kann dir genau sagen, was jeder Nagel kostet, aber nicht, ob ich mit meinen Küchen überhaupt Geld verdiene", gestand er mir. Die Tabelle war penibel geführt, doch die wirklich geschäftskritischen Fragen blieben unbeantwortet.

Diese Szene wiederholt sich täglich in tausenden deutschen Unternehmen. Die Werkzeuge für eine solide Datenerfassung sind vorhanden, doch die Lücke zur sinnvollen Interpretation bleibt bestehen. Google Sheets ist für viele KMUs ein Standardwerkzeug geworden, aber seine wahre Kraft bleibt oft ungenutzt.

Was genau macht die manuelle Budgetierung in Google Sheets so begrenzt? Meine Arbeit mit zahlreichen Unternehmen hat mir wiederholt gezeigt, dass viele Finanzverantwortliche an typischen Hürden scheitern, die ihre Entscheidungsfähigkeit drastisch einschränken.

Der erste Stolperstein liegt in der reinen Dokumentationsfunktion. Die meisten Sheets werden als passive Aufzeichnungssysteme genutzt. Zahlen werden gewissenhaft eingetragen, Summen gebildet, vielleicht sogar farblich markiert. Doch dann? Dann bleibt alles stehen. Die Daten werden nicht zum Sprechen gebracht, nicht in Zusammenhang gesetzt, nicht für zukunftsorientierte Entscheidungen genutzt. Eine Geschäftsführerin eines

Online-Händlers drückte es so aus: "Meine Tabellen sagen mir, was war, aber nicht, was sein sollte."

Die isolierte Betrachtung einzelner Zahlen stellt den nächsten limitierenden Faktor dar. Ein typisches Budget-Sheet zeigt Einnahmen und Ausgaben in separaten Bereichen, oft nach Monaten gegliedert. Die tieferen Zusammenhänge bleiben jedoch verborgen. Welche Kundengruppe verursacht überproportional hohe Servicekosten? Welche Produkte binden übermäßig viel Arbeitszeit im Verhältnis zum Umsatz? Diese Querverbindungen lassen sich mit einer einfachen Listenstruktur kaum herstellen.

Der zeitliche Aufwand für manuelle Datenaufbereitung kostet viele Unternehmen wertvolle Ressourcen. Ein Handwerksbetrieb, den ich betreute, verbrachte wöchentlich vier Stunden damit, Zahlen aus verschiedenen Quellen in sein Budget-Sheet zu übertragen. Zeit, die für strategische Planung oder Kundengespräche fehlte. Diese versteckte Kostenfalle übersehen viele.

Die mangelnde Skalierbarkeit konventioneller Tabellenstrukturen wird meist erst mit wachsendem Geschäft schmerzhaft spürbar. Ein anfangs übersichtliches Sheet verliert mit steigender Datenmenge an Handhabbarkeit. Neue Produktlinien, zusätzliche Kostenstellen oder detailliertere Analysebedarfe sprengen die ursprüngliche Struktur. Man flickt und erweitert, bis das Konstrukt unübersichtlich wird und an Aussagekraft verliert.

Besonders problematisch ist die fehlende Präzision bei der Kostenzuordnung. Direkte Materialkosten lassen sich leicht einem Produkt zuweisen. Doch wie steht es mit Gemeinkosten? Mit der Arbeitszeit, die für verschiedene Projekte aufgewendet wird? In den meisten Budget-Sheets werden diese Kosten pauschal verteilt, wodurch hochprofitable Bereiche möglicherweise quersubventionieren, ohne dass dies erkannt wird.

Die statische Natur einfacher Tabellen limitiert zudem die Szenarioplanung. Als ein Möbelhersteller wissen wollte, wie sich eine geplante Preiserhöhung bei gleichzeitig steigenden Materialkosten auf seine Marge auswirken würde, stand er vor einem Problem: Sein aktuelles Sheet-System bot keine Möglichkeit, diese komplexe "Was-wäre-wenn"-Analyse durchzuführen.

Der wahre Wettbewerbsnachteil entsteht durch verzögerte Reaktionszeiten. In der heutigen Geschäftswelt ist Agilität entscheidend. Wer einen Monat braucht, um festzustellen, dass ein neues Angebot verlustbringend ist, verliert wertvolle Zeit. Traditionelle Budget-Sheets liefern diese Erkenntnis oft zu spät, wenn überhaupt.

Die typischen Limitationen manueller Budgetierung lassen sich in drei Kernkategorien zusammenfassen:

- **Strukturelle Limitationen**

  o Unflexible Tabellenstrukturen, die mit wachsendem Datenvolumen unübersichtlich werden
  o Mangelnde Integration verschiedener Datenquellen
  o Fehlende Automatisierung wiederkehrender Auswertungen
  o Begrenzte Möglichkeiten für multidimensionale Analysen (z.B. gleichzeitige Betrachtung nach Kundengruppen, Produkten und Zeiträumen)

- **Analytische Limitationen**

  o Fehlende Tiefenanalyse zur Identifikation von Profittreibern
  o Keine systematische Erkennung von Kostenausreißern
  o Mangelnde Korrelationsanalysen zwischen verschiedenen Budgetposten
  o Begrenzte Möglichkeiten zur Trendbewertung und Prognose

- **Operationelle Limitationen**

- Hoher Zeitaufwand für manuelle Dateneingabe und -pflege
- Fehleranfälligkeit durch manuelle Prozesse
- Verzögertes Reporting führt zu verspäteten Geschäftsentscheidungen
- Eingeschränkte Kollaborationsmöglichkeiten im Team

Besonders kritisch ist die Kombination aus hohem Zeitaufwand und begrenztem Erkenntnisgewinn. Ein IT-Dienstleister, mit dem ich zusammenarbeitete, investierte monatlich zwei volle Arbeitstage in die Aktualisierung seines umfangreichen Budget-Sheets. Das Ergebnis war eine detaillierte Aufstellung der Kosten nach Abteilungen. Die wirklich relevante Frage nach der Profitabilität einzelner Kunden blieb jedoch unbeantwortet.

Auch die Qualität der Entscheidungsgrundlage leidet unter den typischen Einschränkungen. Wenn Daten nur oberflächlich ausgewertet werden, entstehen blinde Flecken. Ein Onlinehändler konzentrierte sich jahrelang auf den Bruttoumsatz als Erfolgskennzahl, ohne die stark unterschiedlichen Retourenquoten verschiedener Produktkategorien in Betracht zu ziehen. Das Ergebnis waren Fehlinvestitionen in scheinbar umsatzstarke, tatsächlich aber verlustbringende Sortimentsbereiche.

Die emotionale Belastung für Finanzverantwortliche sollte nicht unterschätzt werden. Das permanente Gefühl, wichtige Zusammenhänge zu übersehen oder auf unsicherer Datenbasis zu entscheiden, erzeugt Stress. Eine Controllerin beschrieb mir diesen Zustand als "ständiges Fahren mit angezogener Handbremse" – man kommt voran, aber nie mit optimaler Leistung und unter unnötigem Kraftaufwand.

Warum halten Unternehmen dennoch an suboptimalen Budgetierungsmethoden fest? Die Macht der Gewohnheit spielt eine große Rolle. Man kennt das bestehende System, hat Zeit investiert, es zu erstellen, und scheut den Aufwand einer grundlegenden Neustrukturierung. Dazu kommt die oft unterschätzte Lernkurve: Neue Methoden erfordern anfänglich mehr Zeit, bevor sie Effizienzgewinne bringen.

Die psychologische Barriere der "Zahlenangst" tritt häufiger auf, als man vermuten würde. Selbst erfolgreiche Unternehmer zögern manchmal, tiefer in ihre Finanzdaten einzusteigen, aus Sorge vor komplexen Formeln oder Analysemethoden. Diese Zurückhaltung verstärkt die Tendenz, bei bekannten, wenn auch limitierten Methoden zu bleiben.

Die finanziellen Folgen dieser Einschränkungen sind erheblich. Eine unzureichende Budgetanalyse führt zu:

- Verborgenen Verlusten in scheinbar erfolgreichen Geschäftsbereichen
- Ungenutzten Optimierungspotentialen bei Kosten und Preisgestaltung
- Fehlentscheidungen bei Investitionen mangels detaillierter Rentabilitätsanalysen
- Liquiditätsengpässen durch verzögerte Erkennung negativer Trends

Diese Herausforderungen sind lösbar. Die gute Nachricht lautet: Google Sheets bietet alle Werkzeuge, um die genannten Limitationen zu überwinden. Mit dem richtigen methodischen Ansatz – dem DeepSeek-Prinzip, das ich in diesem Buch vorstelle – verwandelt sich Ihr Budget-Sheet von einem passiven Dokumentationstool in ein dynamisches Analyse- und Steuerungsinstrument.

Die Überwindung dieser Grenzen beginnt mit dem Bewusstsein für die aktuellen Einschränkungen. Prüfen Sie kritisch, ob Ihre derzeitige Budgetstruktur Ihnen wirklich die Antworten liefert, die Sie für strategische Entscheidungen benötigen. Falls nicht, sind Sie bereit für den nächsten Schritt: das Potenzial intelligenter Finanzanalyse in Google Sheets zu erschließen.

DAS POTENZIAL INTELLIGENTER FINANZANALYSE FÜR IHR WACHSTUM FREILEGEN

Stellen Sie sich vor, Sie besitzen eine Schatzkarte, nutzen aber nur einen winzigen Ausschnitt davon. Genau so verhält es sich mit Google Sheets in den meisten Unternehmen – ein mächtiges Werkzeug, dessen wahres Potenzial ungenutzt bleibt. Als ich vor sieben Jahren begann, die verborgenen Analysefunktionen von Sheets zu erforschen, öffnete sich eine völlig neue Dimension der Finanzsteuerung für meine Kunden und mich.

Die wahre Magie entfaltet sich, wenn wir über die reine Dokumentation hinausgehen und beginnen, intelligente Analysemethoden anzuwenden. Ein kleiner Online-Händler aus Süddeutschland formulierte es treffend: "Vorher wusste ich, was passiert ist. Jetzt verstehe ich, warum es passiert ist und kann vorhersagen, was als nächstes kommt." Diese Transformation ist kein Zufall, sondern das Ergebnis systematischer Datenanalyse.

Intelligente Finanzanalyse bedeutet, Ihre vorhandenen Daten zum Sprechen zu bringen. Sie verwandelt statische Zahlenreihen in dynamische Entscheidungsgrundlagen. Statt nur zu wissen, dass Ihr Umsatz im letzten Quartal um 12% gestiegen ist, verstehen Sie plötzlich, welche Produkte, Kundengruppen oder Vertriebskanäle dieses Wachstum getrieben haben – und warum.

Der Unterschied zwischen konventioneller Budgetierung und intelligenter Finanzanalyse lässt sich an konkreten Ergebnissen messen. Ein Handwerksbetrieb, den ich betreue, konnte nach Einführung meiner DeepSeek-Methodik seine Nettorendite innerhalb eines Jahres von 4% auf 9% steigern – ohne zusätzliche Kunden oder höhere Preise, sondern allein durch gezieltere Ressourcenallokation basierend auf klaren Profitabilitätsanalysen.

Die Kernprinzipien intelligenter Finanzanalyse in Google Sheets umfassen:

- **Multidimensionale Betrachtung**: Nicht nur "Was kostet was?", sondern "Welcher Kunde/Welches Produkt/Welcher Prozess generiert welchen Deckungsbeitrag?"
- **Automatisierte Kennzahlenberechnung**: Kontinuierliche Überwachung kritischer KPIs ohne manuellen Aufwand
- **Visuelle Trenddarstellung**: Entwicklungen auf einen Blick erfassen und Muster erkennen
- **Szenarioanalysen**: "Was wäre wenn"-Simulationen für fundierte Entscheidungen
- **Tiefenanalyse durch Drill-Down**: Von Gesamtübersichten bis zu Detaildaten in wenigen Klicks

Das Besondere an meinem DeepSeek-Ansatz ist die Kombination aus betriebswirtschaftlichem Know-how und praxisnaher Technikanwendung. Wir nutzen die vorhandenen Funktionen von Google Sheets, setzen sie aber in einen strategischen Kontext. So entsteht ein vollständig integriertes Analyse-Ökosystem ohne teure Spezialsoftware.

Konkrete Wachstumsimpulse entstehen durch klare Einblicke in Ihre finanzielle DNA. Eine IT-Dienstleisterin berichtete mir: "Durch die neue Kundensegmentierung habe ich erkannt, dass ich mich auf die falschen Projekte konzentriert habe. Nach drei Monaten mit angepasster Akquisestrategie konnte ich bei gleichem Zeiteinsatz 30% mehr Gewinn erzielen."

Die Datenstruktur bildet das Fundament erfolgreicher Analysen. Der Unterschied zwischen einer gewöhnlichen und einer analysefähigen Tabellenstruktur liegt in der Konsistenz und Granularität. Ich zeige Ihnen in diesem Buch, wie Sie Ihre Daten so organisieren, dass komplexe Abfragen und Auswertungen möglich werden, ohne die Benutzerfreundlichkeit zu opfern.

Profitabilitätstransparenz ist einer der wichtigsten Mehrwerte intelligenter Finanzanalyse. Ein Produktionsbetrieb entdeckte durch meine Analysemethode, dass zwei seiner meistverkauften Produkte tatsächlich Verluste produzierten, wenn man alle Kosten korrekt zuordnete. Die sofortige Anpassung der Preiskalkulation führte zu einer Gewinnsteigerung von 22% innerhalb eines Quartals.

Die psychologische Wirkung datenbasierter Entscheidungen sollte nicht unterschätzt werden. Die Sicherheit, auf solider Zahlenbasis zu handeln, reduziert Stress und macht mutigere Entscheidungen möglich. Eine Unternehmerin beschrieb mir diese Transformation als "vom Bauchgefühl zur Gewissheit" – ein fundamentaler Wandel in ihrer Herangehensweise an geschäftliche Herausforderungen.

Zeitersparnis durch Automatisierung ist ein willkommener Nebeneffekt intelligenter Sheets. Eine Steuerberaterin, die ihre interne Projektverwaltung nach meinem System umstellte, gewann wöchentlich drei Stunden, die vorher mit manueller Datenaufbereitung verbracht wurden. Diese Zeit investierte sie in Kundenberatung, was direkt zu Mehrumsatz führte.

Google Sheets bietet einzigartige Vorteile für die intelligente Finanzanalyse:

- **Kollaborationsfähigkeit**: Mehrere Teammitglieder können gleichzeitig an Analysen arbeiten
- **Cloud-basierte Aktualität**: Stets aktuelle Daten überall verfügbar
- **Flexible Erweiterbarkeit**: Integration mit anderen Google-Diensten und Drittsystemen
- **Niedrige Einstiegshürde**: Vertraute Benutzeroberfläche mit fortgeschrittenen Funktionen
- **Kosteneffizienz**: Keine teuren Lizenzen für Spezialsoftware notwendig

Die Transformation von reaktiver zu proaktiver Finanzsteuerung markiert den eigentlichen Paradigmenwechsel. Statt am Monatsende festzustellen, was schiefgelaufen ist, erkennen Sie Trends frühzeitig und können gegensteuern, bevor größere Probleme entstehen. Ein Onlineshop-Betreiber nannte dies seinen "finanziellen Frühwarnsensor" – ein passendes Bild für die präventive Wirkung guter Analysen.

Umsetzbare Erkenntnisse statt reiner Informationen sind das Ziel jeder intelligenten Analyse. Durch klare Visualisierungen und automatisierte Auswertungen reduziert sich der Weg von der Datenerhebung zur konkreten Handlung drastisch. Ein Handwerksbetrieb berichtete, dass zwischen Auftragsabschluss und erster Rentabilitätsanalyse nun nur noch Minuten statt Wochen vergehen.

Wachstumslimitierende Faktoren werden durch tiefgehende Analyse sichtbar. Ein Produktionsunternehmen identifizierte durch meine Methodik einen spezifischen Engpass in seiner Lieferkette, der die Profitabilität ausbremste. Nach gezielter Optimierung dieses einen Faktors stieg der Durchsatz um 15%, ohne dass Investitionen nötig waren.

Ihr individueller Weg zur intelligenten Finanzsteuerung hängt von Ihrem Ausgangspunkt ab. Die Implementierung erfolgt schrittweise, wobei jede Phase bereits messbaren Mehrwert liefert. Ich begleite Sie in diesem Buch durch fünf Entwicklungsstufen:

1. **Fundament legen**: Datenstruktur optimieren und Basisauswertungen einrichten
2. **Erste Einblicke gewinnen**: Grundlegende Rentabilitätsanalysen durchführen
3. **Tiefenanalyse starten**: Versteckte Profit-Quellen und Kostenfresser identifizieren
4. **Entscheidungen optimieren**: Datengestützte Strategien zur Profitmaximierung entwickeln

5. **Finanzsteuerung automatisieren**: Ihr intelligentes Budget-Cockpit aufbauen

Die fortlaufende Optimierung Ihrer Finanzdaten schafft einen sich selbst verstärkenden Kreislauf. Bessere Daten führen zu besseren Erkenntnissen, diese zu besseren Entscheidungen, die wiederum zu besseren Geschäftsergebnissen führen. Ein Dienstleistungsunternehmen beschrieb diesen Effekt als "Schneeball der Profitabilität" – ein treffendes Bild für die kumulative Wirkung intelligenter Finanzsteuerung.

Die notwendigen Fähigkeiten für diesen Ansatz sind leichter zu erwerben, als viele denken. Sie benötigen kein Informatikstudium oder tiefes Controlling-Wissen. Die entscheidenden Faktoren sind Struktur und Konsequenz in der Datenerfassung sowie die Kenntnis einiger Schlüsselfunktionen in Google Sheets, die ich Ihnen in diesem Buch Schritt für Schritt vermittle.

Das Potenzial Ihrer vorhandenen Daten übersteigt wahrscheinlich Ihre Vorstellung. In jedem Unternehmen, mit dem ich gearbeitet habe, lagen verborgene Schätze in den bereits existierenden Zahlen. Die Kunst besteht darin, die richtigen Fragen zu stellen und die passenden Analysetools anzuwenden, um diese Schätze zu heben. Mit DeepSeek Sheets wird dieser Prozess systematisch und wiederholbar.

Die Demokratisierung von Finanzanalyse ist ein persönliches Anliegen für mich. Was früher teuren Beratungsunternehmen und Konzernen vorbehalten war, steht heute jedem KMU und Selbstständigen zur Verfügung. Google Sheets ist der Türöffner zu einer Welt professioneller Finanzsteuerung ohne prohibitive Kosten oder technische Barrieren.

Lassen Sie uns gemeinsam das volle Potenzial Ihrer Finanzdaten freilegen und in messbares Wachstum verwandeln!

DIE TRANSFORMATION STARTEN: VON REAKTIVER KOSTENKONTROLLE ZU PROAKTIVER PROFITSTEUERUNG

IHRE ZIELE DEFINIEREN: MEHR PROFITABILITÄT UND FINANZIELLE KLARHEIT ERREICHEN

Eine klare Zielsetzung bildet das Fundament jeder erfolgreichen Transformation. Ich erinnere mich an ein Gespräch mit einem Möbelhersteller, der seine Finanzsteuerung verbessern wollte. Meine erste Frage an ihn lautete: "Was genau wollen Sie erreichen?" Seine Antwort kam zögerlich: "Mehr Übersicht, weniger Stress mit den Zahlen." Nach tiefergehenden Gesprächen formulierten wir konkrete Ziele: 15% Gewinnsteigerung durch präzisere Kostenzuordnung, wöchentliche statt monatliche Finanzübersichten und die Fähigkeit, Rentabilitätsprognosen für neue Produktlinien zu erstellen.

Die Präzision Ihrer finanziellen Ziele entscheidet maßgeblich über Ihren Erfolg. Vage Absichten wie "mehr Gewinn" oder "bessere Übersicht" reichen nicht aus, um Ihre Budgetsteuerung zu transformieren. Sie brauchen messbare, zeitlich definierte und spezifische Ziele, die Ihr Unternehmen voranbringen.

Profitabilität steht bei den meisten Unternehmen an erster Stelle der finanziellen Ziele. Doch die wahre Kunst liegt darin, dieses abstrakte Konzept in konkrete, actionable Kennzahlen zu übersetzen. Ein Dienstleistungsunternehmen, mit dem ich zusammenarbeitete, verfeinerte sein pauschales Ziel "mehr Gewinn" zu "Steigerung der durchschnittlichen Projektmarge von 22% auf 30% innerhalb von sechs Monaten durch bessere Kalkulation und Ressourcenallokation".

Der Detaillierungsgrad Ihrer Ziele bestimmt die Qualität Ihrer analytischen Struktur. Anstatt nur die Gesamtrentabilität zu betrachten, sollten Sie spezifische Aspekte definieren:

- **Produktrentabilität**: Welche Produkte oder Dienstleistungen sollen welche Mindestmarge erreichen?
- **Kundenrentabilität**: Welche Kundengruppen sind besonders profitabel und sollen ausgebaut werden?
- **Kosteneffizienz**: In welchen Bereichen können Sie Kostensenkungen ohne Qualitätsverlust erzielen?
- **Investitionsrendite**: Welche ROI-Ziele setzen Sie für bestimmte Projekte oder Anschaffungen?
- **Liquiditätsoptimierung**: Wie können Sie Zahlungsströme optimieren, um Finanzierungskosten zu senken?

Die finanzielle Klarheit als zweite zentrale Zielsetzung verlangt ebenfalls konkrete Definitionen. Ein Online-Händler formulierte eindrucksvoll: "Ich möchte jeden Morgen innerhalb von drei Minuten wissen, wie unser Geschäft läuft, welche Produktkategorien performen und wo wir Probleme haben." Diese präzise Vision ermöglichte den Aufbau eines maßgeschneiderten Analyse-Dashboards in Google Sheets.

Zeitliche Dimensionen sind ebenso wichtig wie inhaltliche Ziele. Die Frequenz Ihrer Finanzübersichten bestimmt Ihre Reaktionsfähigkeit. Ein produzierendes Unternehmen stellte von monatlichen auf wöchentliche Margenanalysen um und konnte dadurch dreimal schneller auf Rohstoffpreisänderungen reagieren. Überlegen Sie:

- Wie oft benötigen Sie Updates zu Ihren wichtigsten Kennzahlen?
- Welche Daten brauchen Sie in Echtzeit, welche wöchentlich, welche monatlich?
- Wie viel Zeit darf die Erstellung Ihrer Finanzübersichten maximal in Anspruch nehmen?

Die Zugänglichkeit der Informationen sollte ebenfalls klar definiert werden. Ein Beratungsunternehmen setzte das Ziel, dass jeder Projektleiter jederzeit die Rentabilität seiner Projekte einsehen können sollte, ohne auf die Finanzabteilung angewiesen zu sein. Dies erforderte eine grundlegende Neustrukturierung ihres Google Sheets-Systems mit klaren Zugangsrechten und intuitiven Dashboards.

Die Verbindung quantitativer und qualitativer Ziele schafft ein ganzheitliches Bild. Neben harten Kennzahlen wie "15% Margensteigerung" können auch Ziele wie "Reduzierung des Zeitaufwands für monatliche Finanzberichte um 75%" oder "Vollständige Transparenz über die Kostenstruktur jedes Produkts" Ihre Transformation leiten.

Realistische Ziele motivieren, während überzogene Erwartungen demotivieren. Ein Handwerksbetrieb wollte seine Gewinnmarge innerhalb eines Monats verdoppeln, was unrealistisch war. Wir definierten stattdessen ein Ziel von 20% Steigerung innerhalb von sechs Monaten mit konkreten Zwischenzielen. Diese realistischere Herangehensweise führte letztlich zu einer Steigerung von 35%, da kleine Erfolge zu weiteren Verbesserungen motivierten.

Die Priorisierung Ihrer Ziele verhindert Verzettelung. Ein Gastronomiebetrieb mit zahlreichen finanziellen Herausforderungen fokussierte sich zunächst ausschließlich auf die Analyse der Wareneinsätze und konnte binnen acht Wochen seinen Food-Cost-Anteil um 4 Prozentpunkte senken. Erst dann widmeten wir uns weiteren Aspekten. Diese Fokussierung beschleunigte den Erfolg.

Der Prozess der Zieldefinition sollte kollaborativ gestaltet werden. In einem mittelständischen Produktionsbetrieb bezogen wir neben der Geschäftsführung auch Abteilungsleiter und Vertriebsmitarbeiter ein. Die daraus resultierenden finanziellen Ziele wurden von allen getragen und aktiv verfolgt, was die Implementierung erheblich erleichterte.

Dokumentieren Sie Ihre Ziele schriftlich und spezifisch. Ein Dienstleister notierte: "Bis zum 30. September 2023 können wir auf Knopfdruck die Top 10 und Flop 10 Kunden nach Deckungsbeitrag identifizieren und die durchschnittliche Projektrentabilität innerhalb von 3 Tagen nach Projektabschluss berechnen." Diese Präzision schuf Klarheit für alle Beteiligten.

Die Verankerung Ihrer Ziele im Google Sheets-System macht sie lebendig. Ein Maschinenbauunternehmen integrierte seine Margenziele direkt in das Sheet mit farblichen Markierungen, die sofort anzeigten, ob ein Auftrag die Zielvorgaben erfüllte. Diese visuelle Integration der Ziele in das tägliche Arbeitsumfeld erhöhte die Umsetzungsrate.

Evolutionäre Zielveränderungen sind normal und wichtig. Als ein E-Commerce-Unternehmen seine anfänglichen Ziele zur Margensteigerung erreicht hatte, definierten wir neue Fokusziele zur Optimierung der Bestandshaltung. Planen Sie von Anfang an, Ihre Ziele regelmäßig zu überprüfen und anzupassen.

Typische Ziele für eine Transformation der Budgetsteuerung umfassen:

- **Transparenz-Ziele:** Vollständige Kostenklarheit pro Produkt, Kunde oder Prozess
- **Effizienz-Ziele:** Reduzierung des manuellen Aufwands für Finanzanalysen um X%
- **Rentabilitäts-Ziele:** Steigerung der Gesamtmarge oder spezifischer Segmentmargen
- **Reaktionsgeschwindigkeits-Ziele:** Verkürzte Zyklen von der Datenerhebung bis zur Entscheidung
- **Prognosefähigkeits-Ziele:** Verbesserung der Treffsicherheit finanzieller Vorhersagen

Die Verzahnung Ihrer finanziellen Ziele mit den übergeordneten Unternehmenszielen sorgt für Konsistenz. Ein Softwareunternehmen in der Wachstumsphase fokussierte sich auf

Umsatzsteigerung und Marktanteil, während ein etablierter Produktionsbetrieb Margensteigerung und Kosteneffizienz priorisierte. Ihre finanziellen Ziele sollten Ihre Unternehmensstrategie widerspiegeln.

Messbare Indikatoren zur Zielüberprüfung komplettieren Ihre Definition. Definieren Sie nicht nur "Margensteigerung", sondern auch, wie und wann Sie den Erfolg messen: "Wöchentliche Berechnung der Produktmargen mit Vergleich zum Vormonat und Zielwert, visualisiert im Management-Dashboard".

Der richtige Mix aus kurzfristigen und langfristigen Zielen schafft sowohl schnelle Erfolge als auch nachhaltige Transformation. Ein Handelsunternehmen kombinierte das kurzfristige Ziel "Identifikation unprofitabler Produkte binnen 4 Wochen" mit dem langfristigen Ziel "Aufbau eines vollständig automatisierten Frühwarnsystems für Margenprobleme innerhalb eines Jahres".

Die Definition Ihrer finanziellen Ziele ist kein einmaliger Akt, sondern ein kontinuierlicher Prozess. Mit zunehmender Datentransparenz werden Sie neue Möglichkeiten entdecken, die anfangs nicht sichtbar waren. Ein offener, adaptiver Ansatz kombiniert mit präzisen, messbaren Zielen bildet die ideale Grundlage für Ihre Transformation von reaktiver Kostenkontrolle zu proaktiver Profitsteuerung.

DEEPSEEK-PRINZIPIEN VERSTEHEN: DIE LOGIK HINTER INTELLIGENTER ANALYSE MEISTERN

Die wirkliche Magie intelligenter Budgetanalyse liegt nicht in komplizierten Formeln oder teurer Software, sondern in der zugrundeliegenden Denkweise. Als ich vor einigen Jahren einem Möbeltischler meine DeepSeek-Methodik vorstellte, reagierte er skeptisch: "Ich bin Handwerker, kein Datenanalyst." Sechs Monate später hatte er seine Gewinnmarge um 18% gesteigert und sagte mir: "Die Prinzipien sind so logisch, dass ich mich frage, warum ich nicht selbst darauf gekommen bin."

DeepSeek ist mehr als eine Sammlung von Techniken. Es ist ein systematischer Ansatz zum Verständnis Ihrer Finanzdaten, der auf klaren Prinzipien basiert, die jeder meistern kann. Diese Prinzipien bilden das Fundament für alle praktischen Anwendungen, die wir in den kommenden Kapiteln erkunden werden.

Das erste Grundprinzip von DeepSeek lautet: "Daten sind nur so wertvoll wie die Fragen, die Sie ihnen stellen." Viele Unternehmer sammeln akribisch Finanzdaten, stellen aber nie die richtigen Fragen. Ein Beispiel: Ein Online-Händler hatte jahrelang detaillierte Umsatzstatistiken gesammelt, fragte aber nie: "Welche Produkte generieren nach Abzug aller zurechenbaren Kosten den höchsten Deckungsbeitrag?" Diese einfache Frage führte zu einer kompletten Neuausrichtung seines Sortiments.

Die Kunst des präzisen Fragens steht im Zentrum jeder DeepSeek-Analyse. Typische oberflächliche Fragen wie "Wie hoch war unser Umsatz?" oder "Haben wir Gewinn gemacht?" reichen nicht aus. Stattdessen sollten Sie lernen, tiefergehende Fragen zu formulieren:

- "Welche Kundengruppe generiert den höchsten Gewinn pro Arbeitsstunde?"
- "Welche Produkte verursachen unverhältnismäßig hohe indirekte Kosten?"
- "Welche wiederkehrenden Muster zeigen unsere saisonalen Schwankungen?"
- "Welcher Prozessschritt reduziert unsere Marge am stärksten?"
- "Wo entstehen versteckte Kosten, die wir nicht direkt zuordnen?"

Das zweite Kernprinzip lautet: "Korrelation ermöglicht Kontrolle." Ein Beraterunternehmen, mit dem ich zusammenarbeitete, verfolgte Projektumsätze und Personalkosten isoliert voneinander. Erst als wir beide Datensätze zusammenführten, entdeckten wir, dass bestimmte Projekttypen systematisch mehr Personalstunden verbrauchten als kalkuliert. Diese Erkenntnis führte zu einer verbesserten Angebotskalkulation und einer Gewinnsteigerung von 22%.

Zur Identifikation wichtiger Korrelationen empfehle ich diese grundlegenden Verknüpfungen:

- **Kundenebene**: Umsatz, Deckungsbeitrag, Betreuungsaufwand, Zahlungsmoral
- **Produktebene**: Verkaufszahlen, Marge, Lagerumschlag, Reklamationsquote
- **Zeitebene**: Saisonale Schwankungen, Wochentags-Muster, Entwicklungstrends
- **Prozessebene**: Durchlaufzeiten, Fehlerquoten, Ressourcenverbrauch, Output-Qualität

Das dritte DeepSeek-Prinzip erklärt: "Segmentierung schafft Klarheit." In unsortierter Form können Finanzdaten wie ein undurchsichtiger Dschungel wirken. Die geschickte Segmentierung nach relevanten Kriterien macht verborgene Muster sichtbar. Ein mittelständisches Handelsunternehmen betrachtete seinen Kundenstamm als homogene Masse, bis wir ihn nach Kaufvolumen, Bestellhäufigkeit und Produktkategorien segmentierten. Plötzlich wurde sichtbar, dass 8% der Kunden für 40% des Gewinns verantwortlich waren.

Sinnvolle Segmentierungsansätze für Ihre finanziellen Analysen umfassen:

- **Kundensegmentierung**: Nach Branche, Unternehmensgröße, Standort, Kaufverhalten
- **Produktsegmentierung**: Nach Kategorie, Preisklasse, Marge, Lebenszyklus-Phase

- **Zeitliche Segmentierung**: Nach Quartalen, Monaten, Tageszeiten, saisonalen Faktoren
- **Kanalsegmentierung**: Nach Vertriebswegen, Marketingkanälen, Akquisitionsquellen

Das vierte Prinzip von DeepSeek besagt: "Relative Kennzahlen enthüllen mehr als absolute Werte." Ein Produktionsbetrieb feierte einen Umsatzanstieg von 15%, bis wir feststellten, dass gleichzeitig die Personalkosten um 22% und die Materialkosten um 18% gestiegen waren. Die relativen Kennzahlen offenbarten eine schleichende Margenerosion trotz Wachstums.

Relative Kennzahlen, die in keinem Finanzreport fehlen sollten:

- **Prozentualer Deckungsbeitrag**: Deckungsbeitrag im Verhältnis zum Umsatz
- **Kosten pro Einheit**: Gesamtkosten geteilt durch Produktions- oder Verkaufsmenge
- **Conversion-Raten**: Erfolgsquoten an verschiedenen Prozessstellen
- **Rentabilitäts-Index**: Gewinn im Verhältnis zum eingesetzten Kapital oder Ressourcen
- **Wachstumsraten**: Prozentuale Veränderungen über definierte Zeiträume

Das fünfte DeepSeek-Prinzip fordert: "Visualisierung vor Kalkulation." Menschen erkennen visuelle Muster schneller als numerische. Ein IT-Dienstleister erstellte monatelang komplexe Tabellen zur Projektrentabilität. Erst als wir die Daten in einer einfachen Blasendiagramm-Matrix visualisierten, erkannte der Geschäftsführer sofort die Muster: Kleine Projekte für große Unternehmen waren systematisch profitabler als große Projekte für kleine Unternehmen.

Kraftvolle Visualisierungstechniken für Ihre Finanzanalysen:

- **Heatmaps**: Farbcodierte Darstellungen von Werten zur schnellen Mustererkennung

- **Trendlinien**: Visualisierung von Entwicklungen über die Zeit
- **Diagramm-Matrizen**: Mehrdimensionale Darstellung von Korrelationen
- **Ausreißer-Darstellungen**: Visuelle Hervorhebung von Werten außerhalb normaler Bereiche
- **Ampel-Systeme**: Intuitive Statussignalisierung für schnelle Entscheidungen

Das sechste Prinzip betont: "Automatisierung befreit strategisches Denken." Ein Handwerksbetrieb verbrachte wöchentlich sieben Stunden mit der manuellen Kostenverfolgung. Nach Implementierung eines automatisierten DeepSeek-Systems in Google Sheets reduzierte sich dieser Aufwand auf 30 Minuten wöchentlich. Die gewonnene Zeit investierte der Inhaber in strategische Kundenakquise, was zu 15% Umsatzwachstum führte.

Bereiche, die sich besonders für Automatisierung eignen:

- **Datenerfassung**: Automatische Importfunktionen für externe Datenquellen
- **Standardberechnungen**: Vordefinierte Formeln für wiederkehrende Analysen
- **Berichterstellung**: Automatisch aktualisierte Dashboards und Reports
- **Anomalie-Erkennung**: Automatische Markierung von Werten außerhalb definierter Grenzen
- **Prognose-Updates**: Automatische Anpassung von Vorhersagen basierend auf neuen Daten

Das siebte DeepSeek-Prinzip lautet: "Klein anfangen, inkrementell verbessern." Ein Online-Shop wollte sein komplettes Controlling-System auf einmal revolutionieren und scheiterte an der Komplexität. Als wir stattdessen mit einer einfachen Produktrentabilitätsanalyse begannen und schrittweise weitere Module ergänzten, entstand binnen sechs Monaten ein umfassendes, maßgeschneidertes Controllingsystem.

Der schrittweise Aufbau Ihres DeepSeek-Systems folgt idealerweise dieser Progression:

1. **Basisanalyse**: Grundlegende Gewinn- und Verlustrechnung mit ersten Segmentierungen
2. **Rentabilitätsanalyse**: Detaillierte Deckungsbeitragsrechnung für Hauptsegmente
3. **Korrelationsanalyse**: Verbindung verschiedener Datendimensionen
4. **Prognosemodelle**: Entwicklung einfacher Vorhersagemodelle
5. **Automatisiertes Dashboard**: Integration aller Analysen in ein visuelles Cockpit

Das achte Prinzip betont: "Datenqualität vor Datenquantität." Ein Dienstleistungsunternehmen sammelte täglich hunderte Datenpunkte, konnte aber keine brauchbaren Schlüsse ziehen. Die Ursache: Inkonsistente Datenerfassung und fehlende Standardisierung. Nach Implementierung klarer Datenstandards reichten bereits wöchentliche Erfassungen für aussagekräftige Analysen.

Entscheidende Aspekte der Datenqualität umfassen:

- **Konsistenz**: Einheitliche Erfassungsmethoden und Definitionen
- **Vollständigkeit**: Keine fehlenden Werte in kritischen Feldern
- **Genauigkeit**: Korrekte Zuordnung und präzise Erfassung
- **Aktualität**: Zeitnahe Aktualisierung relevanter Daten
- **Relevanz**: Fokus auf entscheidungsrelevante Informationen

Das neunte DeepSeek-Prinzip fordert: "Hypothesen testen statt Daten sammeln." Viele Unternehmen sammeln Daten ohne klares Ziel. Ein Produktionsbetrieb erfasste jahrelang detaillierte Maschinenlaufzeiten, ohne diese zu analysieren. Als wir die

Hypothese aufstellten, dass bestimmte Auftragstypen überproportional viele Rüstzeiten verursachten, und gezielt Daten auswerteten, identifizierten wir Optimierungspotenzial von 23%.

Der hypothesenbasierte Analyseansatz folgt diesem Schema:

1. **Hypothesenbildung**: Formulierung einer spezifischen, testbaren Annahme
2. **Datenidentifikation**: Bestimmung der zur Überprüfung nötigen Daten
3. **Gezielte Analyse**: Auswertung nur der relevanten Datensubsets
4. **Hypothesenprüfung**: Bestätigung oder Widerlegung der ursprünglichen Annahme
5. **Handlungsableitung**: Konkrete Maßnahmen basierend auf den Ergebnissen

Das zehnte und letzte Grundprinzip von DeepSeek lautet: "Jede Analyse muss zu Handlungen führen." Eine perfekte Datenanalyse ohne konkrete Handlungsschritte bleibt wertlos. Ein Einzelhandelsunternehmen analysierte präzise seine Verkaufsstatistiken, zog aber keine Konsequenzen aus den Erkenntnissen. Erst als wir einen systematischen Prozess zur Ableitung und Umsetzung von Maßnahmen etablierten, stieg die Flächenproduktivität um 27%.

Wirksame Handlungsableitungen aus Ihren DeepSeek-Analysen:

- **Direkte operative Anpassungen**: Sofortige Änderungen in Prozessen oder Preisen
- **Strategische Neuausrichtungen**: Fokusverschiebungen basierend auf Rentabilitätserkenntnissen
- **Ressourcenumverteilungen**: Neuallokation von Zeit und Budget zu profitableren Aktivitäten
- **Experimentelle Tests**: Gezielte Versuche zur Optimierung identifizierter Schwachstellen

- **Automatisierte Regeln**: Implementierung von If-Then-Regeln für zukünftige Situationen

Die zehn DeepSeek-Prinzipien bilden einen logischen Kreislauf, der kontinuierliche Verbesserung ermöglicht. Beginnen Sie mit gezielten Fragen, suchen Sie nach Korrelationen, segmentieren Sie Ihre Daten, betrachten Sie relative Kennzahlen, visualisieren Sie Ergebnisse, automatisieren Sie Prozesse, entwickeln Sie Ihr System schrittweise, priorisieren Sie Datenqualität, testen Sie konkrete Hypothesen und leiten Sie Handlungen ab.

Diese Prinzipien sind unabhängig von der Unternehmensgröße oder Branche anwendbar. Ein Freiberufler kann damit ebenso effektiv seine Finanzsteuerung optimieren wie ein mittelständisches Produktionsunternehmen. Die Schönheit des DeepSeek-Ansatzes liegt in seiner Skalierbarkeit und Anpassungsfähigkeit.

In den kommenden Kapiteln werde ich Ihnen zeigen, wie wir diese Prinzipien praktisch in Google Sheets umsetzen, beginnend mit der optimalen Strukturierung Ihrer Daten für maximale Analysepower. Die Reise von der reaktiven Kostenkontrolle zur proaktiven Profitsteuerung beginnt mit dem Verständnis dieser grundlegenden Prinzipien, die Ihnen eine neue Perspektive auf Ihre Finanzdaten eröffnen.

Das Fundament legen: Datenstruktur für maximale Analyse-Power

Die Qualität Ihrer Finanzanalysen hängt unmittelbar von der Struktur Ihrer Daten ab. Ein Bäcker, mit dem ich zusammenarbeitete, führte jahrelang alle Einnahmen und Ausgaben in einem einzigen Google Sheet-Tab. Erst als wir seine Daten neu strukturierten, entdeckte er, dass 30% seiner Produkte nur 12% zum Deckungsbeitrag beitrugen – eine Erkenntnis, die seine Produktpalette revolutionierte.

Die optimale Datenstruktur in Google Sheets folgt fünf Grundprinzipien, die Analysefähigkeit mit Benutzerfreundlichkeit verbinden:

1. Granulare Datenerfassung

Erfassen Sie Transaktionen einzeln statt in pauschalen Summen. Beispiel:

Datum	Betrag	Kategorie	Produkt	Kunden-ID	Vertriebskanal
2025-04-24	149,99	Küchengeräte	Standmixer X3	K-45721	Online-Shop

Diese Granularität ermöglicht spätere Auswertungen nach beliebigen Kriterien[6].

2. Konsistente Taxonomie

Verwenden Sie standardisierte Kategorien und Bezeichnungen:

// NICHT:

"Material", "Rohstoffe", "Einkauf"

// SONDERN:

1.01 Rohmaterialien

1.02 Betriebsmittel

1.03 Verpackungskosten

Einheitliche Benennungen verhindern Analysefehler durch manuelle Zuordnungen[6].

3. Zeitachse-Integration

Jeder Datensatz enthält mindestens:

- Buchungsdatum
- Wertstellungsdatum
- Berichtsperiode (z.B. KW17/2025)

Diese Struktur ermöglicht Cashflow-Analysen und periodengerechte Auswertungen[6].

4. Mehrdimensionale Verschlagwortung

Verwenden Sie Tags für flexible Filterungen:

Projektcode	Kostenstelle	Profit-Center	Verantwortlicher
PROJ-023	KS-Marketing	PC-Europa	MA-45

Mit der Google Sheets-Filterfunktion entstehen dynamische Auswertungen:

```
=FILTER(A2:G1000,                 D2:D1000="PC-Europa",
MONTH(B2:B1000)=4)
```

5. Automatisierte Datenspeicherung

Nutzen Sie Importfunktionen für automatische Aktualisierung:

```
=IMPORTRANGE("https://docs.google.com/...",
"Umsatzdaten!A:F")
```

```
=GOOGLEFINANCE("CURRENCY:EURUSD")
```

Diese Automatisierung reduziert manuelle Eingabefehler um bis zu 72%[2].

Für die praktische Umsetzung empfehle ich diese Google Sheets-Tools:

- **Datenvalidierung**
  Dropdown-Listen mit vordefinierten Werten:

  Data Validation → List from range: 'Kategorien'!A2:A50

- **Bedingte Formatierung**
  Visuelle Hervorhebung kritischer Werte:

  Custom formula: =C2<0 → Roter Hintergrund

- **Pivot-Tabellen**
  Dynamische Auswertungen ohne Formeln:

  Rows: Produktkategorie

  Values: SUM(Umsatz), COUNT(Transaktionen)

- **Arrayformeln**
  Automatische Berechnungen über gesamte Spalten:

  =ARRAYFORMULA(IF(LEN(A2:A), B2:B*C2:C, ""))

- **QUERY-Funktion**
  SQL-ähnliche Abfragen direkt in Sheets:

  =QUERY(A2:G, "SELECT C, SUM(E) WHERE D='Online' GROUP BY C")

Ein Praxisbeispiel aus der Gastronomie zeigt die Wirkung: Durch Umstellung auf eine strukturierte Datenerfassung mit 35 einheitlichen Kostenkategorien konnte ein Restaurantbetreiber seine Lebensmittelkosten um 18% senken – allein durch präzise Identifikation von Verschwendungen.

Die richtige Datenstruktur verwandelt Google Sheets von einem passiven Aufzeichnungstool in ein aktives Analyseinstrument. Sie bildet die Basis für alle weiteren DeepSeek-Methoden, die wir in den folgenden Kapiteln entwickeln werden.

1.1 DATENSTRUKTUR-MASTERPLAN: IHRE FINANZDATEN ANALYSEFÄHIG MACHEN

1.1.1 KONSISTENTE DATENFORMATE FÜR PRÄZISE AUSWERTUNGEN SICHERSTELLEN

Die Basis jeder erfolgreichen DeepSeek-Analyse liegt in der Konsistenz Ihrer Datenformate. Während meiner Beratungsarbeit mit einem Online-Händler stieß ich auf ein typisches Problem: Seine Umsatzdaten enthielten Beträge teils mit Punkten, teils mit Kommas als Dezimaltrennzeichen. Das Ergebnis waren verfälschte Berechnungen und falsche Geschäftsentscheidungen. Nach der Standardisierung seiner Datenformate konnte er erstmals präzise Produktmargen berechnen und entdeckte, dass zwei seiner Top-Seller tatsächlich Verluste produzierten.

Konsistente Datenformate sind kein Selbstzweck. Sie bilden die Grundlage für verlässliche Analysen und Entscheidungen. Wenn Ihre Daten in unterschiedlichen Formaten vorliegen, ist es unmöglich, sie richtig zu vergleichen, zu aggregieren oder zu visualisieren. Stellen Sie sich vor, Sie müssten Äpfel mit Birnen addieren – genau diese Problematik entsteht bei inkonsistenten Formaten in Ihren Finanzdaten.

Google Sheets bietet mächtige Werkzeuge zur Standardisierung Ihrer Datenformate. Die wichtigste Funktion ist die Spaltenformatierung, die Sie über das Menü "Format > Zahlen" erreichen. Dabei sollten Sie für jeden Datentyp ein einheitliches Format festlegen:

- **Währungsbeträge**: Format "Währung" mit zwei Dezimalstellen und konsistentem Währungssymbol (€)
- **Prozentsätze**: Format "Prozent" mit fester Dezimalstellenanzahl (1-2 empfohlen)
- **Datumswerte**: Einheitliches Datumsformat (z.B. TT.MM.JJJJ) für alle zeitbezogenen Daten

- **Textdaten**: Konsistente Groß-/Kleinschreibung und Formatierung für Kategorien oder Labels
- **Numerische IDs**: Format "Zahl" ohne Dezimalstellen und Tausendertrennzeichen

Ein Schlüsselaspekt bei der Arbeit mit Finanzdaten ist die konsistente Behandlung leerer oder fehlender Werte. Viele meiner Kunden verwenden unterschiedliche Eintragungen wie "0", "-", "n/a" oder lassen Zellen einfach leer. Dies führt zwangsläufig zu Fehlern in Formeln und Auswertungen. Meine Empfehlung: Definieren Sie klare Regeln für fehlende Daten und folgen Sie diesen konsequent.

Die Wahl textbasierter Formate für den Datenaustausch verdient besondere Aufmerksamkeit. Wie ein Systemadministrator treffend bemerkte: "Gute Datenformate sind solche, die sowohl von Maschinen als auch von Menschen interpretierbar sind." Google Sheets speichert Daten zwar nativ in einem proprietären Format, erlaubt aber den Export in textbasierte Formate wie CSV, die sich hervorragend für den Austausch mit anderen Systemen eignen.

Zeitliche Konsistenz spielt eine zentrale Rolle bei Finanzanalysen. Ein Produktionsbetrieb sammelte Umsatzdaten mal wöchentlich, mal täglich und versuchte dann, Monatsanalysen durchzuführen. Das Ergebnis war ein verzerrtes Bild der tatsächlichen Geschäftsentwicklung. Definieren Sie eine einheitliche zeitliche Granularität für Ihre primären Analysen und sorgen Sie dafür, dass alle Daten entsprechend strukturiert sind.

Der Einsatz von Datenvalidierung sichert die Einheitlichkeit Ihrer Eingaben. Diese leistungsstarke Funktion finden Sie unter "Daten > Datenvalidierung". Sie können beispielsweise für eine Spalte mit Kostenkategorien eine Dropdown-Liste mit gültigen Werten definieren:

1. Markieren Sie die Zielspalte
2. Wählen Sie "Daten > Datenvalidierung"

3. Als Kriterium wählen Sie "Liste aus einem Bereich"
4. Geben Sie den Bereich mit Ihren standardisierten Kategorien an
5. Aktivieren Sie "Ungültige Daten zurückweisen"

Die richtige Zeitstempelformatierung verhindert Verwirrung und Fehler bei zeitbasierten Analysen. Ich empfehle meinen Kunden stets, Datums- und Zeitangaben in separaten Spalten zu führen oder zumindest ein standardisiertes ISO-Format (JJJJ-MM-TT) zu verwenden, das in Sortierungen und Berechnungen zuverlässig funktioniert.

Bedingte Formatierung unterstützt die visuelle Kontrolle Ihrer Datenformate. Richten Sie Regeln ein, die potenzielle Formatfehler farblich hervorheben:

- Zellen mit Text in numerischen Spalten rot markieren
- Datumswerte außerhalb erwarteter Bereiche gelb hinterlegen
- Währungsbeträge oberhalb definierter Schwellenwerte blau markieren

Die Konsistenz bei importierten Daten stellt eine besondere Herausforderung dar. Verwenden Sie die IMPORTRANGE-Funktion, um Daten aus anderen Sheets einzubinden, oder nutzen Sie spezielle Add-ons für Datenverbindungen. Wichtig ist, dass Sie anschließend die Formatierung überprüfen und harmonisieren.

Namensbereiche in Google Sheets erleichtern die konsistente Verwendung von Datenbereichen in Formeln. Statt in jeder Formel auf absolute Zellbezüge zu vertrauen, definieren Sie einen Namensbereich (z.B. "Umsatzdaten") über "Daten > Benannte Bereiche". Dies erhöht die Lesbarkeit Ihrer Formeln und reduziert Fehler bei der Datenreferenzierung.

Die Formatierung Ihrer Zahlenformate sollte die spezifischen Anforderungen Ihrer Branche berücksichtigen. Während ein Einzelhändler mit ganzen Euro-Beträgen arbeiten kann, benötigt ein Finanzdienstleister möglicherweise zwei oder mehr Dezimalstellen. Definieren Sie Ihre Standards basierend auf Ihren Geschäftsanforderungen, aber bleiben Sie dann konsequent dabei.

Die ARRAYFORMULA-Funktion ist ein mächtiges Werkzeug, um einheitliche Formatierungen auf ganze Spalten anzuwenden. Ein Beispiel:

=ARRAYFORMULA(WENN(NICHT(ISEMPTY(A2:A));   TEXT(B2:B; "#.##0,00 €"); ""))

Diese Formel wendet eine einheitliche Währungsformatierung auf alle Werte in Spalte B an, die einer Eingabe in Spalte A entsprechen. Der Vorteil: Auch neue Daten erhalten automatisch die korrekte Formatierung.

Ein typisches Problem bei der Datenanalyse sind inkonsistente Benennungskonventionen. Ein Beratungsunternehmen verwendete in seinen Projektabrechnungen unterschiedliche Schreibweisen für denselben Kunden: "Müller GmbH", "Müller GmbH & Co. KG", "Müller". Dies machte eine kundenbezogene Rentabilitätsanalyse praktisch unmöglich. Entwickeln Sie klare Namenskonventionen und setzen Sie diese durch.

Die Berücksichtigung internationaler Formate ist besonders für Unternehmen mit länderübergreifenden Aktivitäten wichtig. Deutsche Sheets verwenden typischerweise Kommas als Dezimaltrenner und Punkte für Tausender, während englischsprachige Länder die umgekehrte Konvention nutzen. Definieren Sie eine einheitliche Regel für Ihr Unternehmen und wandeln Sie Daten aus anderen Quellen entsprechend um.

Die QUERY-Funktion bietet eine elegante Möglichkeit zur einheitlichen Formatierung bereits vorhandener Daten:

=QUERY(A2:D; "SELECT A, FORMAT(B, '#,##0.00'), C, D")

Diese Funktion formatiert die Werte in Spalte B einheitlich, während die übrigen Spalten unverändert bleiben.

Die konsistente Behandlung von Nullwerten gegenüber fehlenden Werten ist entscheidend für korrekte Aggregationen. Ein Wert von 0 € bedeutet eine gemessene Null, während eine leere Zelle ein fehlendes Messergebnis darstellt. Diese Unterscheidung kann in Summen und Durchschnitten zu völlig unterschiedlichen Ergebnissen führen. Definieren Sie klare Regeln, wann Nullen einzutragen sind und wann Zellen leer bleiben sollten.

Metadaten erhöhen die Qualität und Nachvollziehbarkeit Ihrer Finanzanalysen. Reservieren Sie einen Bereich in Ihrem Sheet für wichtige Informationen wie Datenstand, Quelle, Verantwortlicher und Anmerkungen zu Besonderheiten. Diese Kontextinformationen helfen bei der korrekten Interpretation der Daten und ihrer Formate.

Die Einrichtung von Formatvorlagen spart Zeit und erhöht die Konsistenz. Google Sheets erlaubt das Speichern von Formatierungen als Vorlagen, die Sie mit einem Klick auf neue Bereiche anwenden können. Erstellen Sie standardisierte Vorlagen für Ihre typischen Datentypen und nutzen Sie diese konsequent.

Die Skalierbarkeit Ihres Datenformats sollte von Anfang an berücksichtigt werden. Ein einfaches Beispiel: Wenn Sie heute drei Produktkategorien haben, aber in Zukunft möglicherweise zwanzig, gestalten Sie Ihre Datenstruktur so, dass sie problemlos erweitert werden kann, ohne das Format ändern zu müssen.

Die Konsistenz Ihrer Datenformate ist keine einmalige Aufgabe, sondern erfordert kontinuierliche Pflege. Planen Sie regelmäßige Überprüfungen ein und korrigieren Sie Abweichungen, bevor sie zu größeren Problemen führen. Mit dieser Disziplin schaffen Sie die Grundlage für aussagekräftige und vertrauenswürdige Finanzanalysen, die Ihr Unternehmen voranbringen.

1.1.2 AUSSAGEKRÄFTIGE KATEGORIEN FÜR EINNAHMEN UND AUSGABEN DEFINIEREN

Die Macht einer wirklich intelligenten Budgetanalyse liegt nicht nur in den Formeln und Funktionen, sondern beginnt mit einer durchdachten Kategorisierung Ihrer Einnahmen und Ausgaben. Ein Gastronomiebetrieb, den ich beriet, hatte zwanzig verschiedene Kostenkategorien für Lebensmittel angelegt, aber fasste sämtliche Personalkosten in einer einzigen Kategorie zusammen – obwohl diese 40% seiner Gesamtkosten ausmachten. Diese Unausgewogenheit verhinderte jede sinnvolle Analyse der Personaleffizienz.

Sorgfältig definierte Kategorien sind der Schlüssel zu aussagekräftigen Analysen. Sie bilden die Grundlage für alle späteren Auswertungen und entscheiden darüber, welche Fragen Sie mit Ihren Daten überhaupt beantworten können. In meiner Beratungspraxis sehe ich täglich, wie Unternehmen mit einer durchdachten Kategorienstruktur plötzlich Erkenntnisse gewinnen, die vorher im Dunkeln blieben.

Der erste Schritt zur Entwicklung aussagekräftiger Kategorien besteht darin, sich von standardisierten Vorlagen zu lösen. Jedes Unternehmen hat einzigartige Anforderungen und Schwerpunkte. Eine Softwarefirma benötigt detaillierte Kategorien für verschiedene Entwicklungsdienstleistungen, während ein Handelsunternehmen eine feine Unterscheidung zwischen Produktgruppen braucht. Entwickeln Sie daher Ihre eigene Kategorienhierarchie, die auf Ihr spezifisches Geschäftsmodell zugeschnitten ist.

Die Granularität Ihrer Kategorien sollte durch zwei Faktoren bestimmt werden: die strategische Bedeutung und das finanzielle Volumen. Bereiche mit hoher Kostenrelevanz oder strategischer Wichtigkeit verdienen eine feinere Untergliederung. Ein Bäckereibetrieb sollte Mehl, Zucker und andere Hauptzutaten separat erfassen, während Büroklammern und Bleistifte unter "Bürobedarf" zusammengefasst werden können.

Für eine strukturierte Herangehensweise an die Kategorienentwicklung empfehle ich diesen Prozess:

1. Geschäftsmodell analysieren

- Identifizieren Sie Ihre Haupteinnahmequellen und Hauptkostenblöcke
- Definieren Sie die für Ihre Geschäftsentscheidungen relevanten Dimensionen (Kunden, Produkte, Regionen, etc.)
- Klären Sie, welche Auswertungen für Ihre strategischen Entscheidungen besonders wichtig sind

2. Hierarchische Struktur aufbauen

- Erstellen Sie Hauptkategorien, die Ihre zentralen Geschäftsbereiche abbilden
- Unterteilen Sie diese in logische Unterkategorien mit zunehmender Detailtiefe
- Nutzen Sie numerische Codes für eine klare Strukturierung (z.B. 1.0 für Hauptkategorien, 1.1 für erste Unterkategorie)

3. Kategoriensystem validieren

- Überprüfen Sie anhand vergangener Transaktionen, ob alle Posten klar zugeordnet werden können
- Testen Sie, ob die geplanten Auswertungen mit dieser Struktur möglich sind
- Passen Sie Kategorien an, wo Unklarheiten oder Überschneidungen auftreten

Die Einnahmenkategorien bilden das Herzstück Ihrer Profitanalysen. Je nach Geschäftsmodell empfehle ich folgende Grundstruktur:

- **Differenzierung nach Produkten/Dienstleistungen**

  - Kernprodukte/Hauptdienstleistungen
  - Nebenprodukte/Zusatzleistungen
  - Verbrauchsmaterialien/Wiederverkaufsartikel
  - Service und Support
- **Differenzierung nach Kundengruppen**

  - Privatkunden/B2C
  - Geschäftskunden/B2B
  - Öffentliche Auftraggeber
  - Stammkunden vs. Neukunden
- **Differenzierung nach Vertriebskanälen**

  - Online-Shop
  - Direktvertrieb
  - Vertriebspartner
  - Stationärer Handel

Das Rückgrat jeder effizienten Budgetsteuerung sind klar definierte Ausgabenkategorien. Mein Ausgabenkategorien-Framework umfasst diese Hauptbereiche:

- **Direkte Kosten (produktbezogen)**

  - **Materialkosten**: Rohstoffe, Vorprodukte, Verpackung
  - **Produktionskosten**: Maschinennutzung, Strom für Produktion, direkte Arbeitszeit
  - **Dienstleistungskosten**: Freelancer, externe Dienstleister für Kundenaufträge
  - **Fulfillment**: Versand, Handling, kundenspezifische Verpackung
- **Personalkosten**

  - **Gehälter nach Abteilungen**: Produktion, Vertrieb, Marketing, Verwaltung

- Sozialversicherungsbeiträge und Lohnnebenkosten
- Fortbildungen und Personalentwicklung
- Freie Mitarbeiter und zeitlich begrenzte Arbeitskräfte
- **Betriebskosten**

  - **Raumkosten:** Miete, Nebenkosten, Reinigung
  - **IT-Kosten:** Software, Hardware, Support
  - **Kommunikation:** Telefon, Internet, Postgebühren
  - **Fuhrpark und Reisekosten:** Fahrzeuge, Wartung, Dienstreisen
- **Marketing und Vertrieb**

  - **Werbung:** Online-Marketing, Print, Messen
  - **Verkaufsförderung:** Rabatte, Aktionen, Kundengeschenke
  - **PR und Öffentlichkeitsarbeit**
  - **Vertriebsprovisionen**
- **Finanzierung und Versicherungen**

  - **Bankgebühren und Zinsen**
  - **Versicherungen nach Bereichen:** Betriebshaftpflicht, Gebäude, etc.
  - **Steuerberatung und Buchführung**
  - **Abschreibungen:** Nach Anlagekategorien

Die granulare Erfassung der Ausgaben ermöglicht präzise Auswertungen. Ein Produktionsbetrieb konnte durch die Aufschlüsselung seiner "Allgemeinen Betriebskosten" in 12 spezifische Unterkategorien erkennen, dass seine Energiekosten pro Produktionseinheit doppelt so hoch waren wie der Branchendurchschnitt – eine Erkenntnis, die zu gezielten Effizienzmaßnahmen führte.

Vermeiden Sie Sammelbecken wie "Sonstiges" oder "Diverses". Solche Kategorien entwickeln sich schnell zu undurchsichtigen

Kostentöpfen. Meine Faustregel: Keine Kategorie sollte mehr als 5% des Gesamtvolumens umfassen. Tauchen öfter ähnliche Transaktionen unter "Sonstiges" auf, ist es Zeit für eine neue spezifische Kategorie.

Die hybride Kategorienzuordnung maximiert Ihre Analyseflexibilität. Statt eine Ausgabe nur einer Kategorie zuzuordnen, verwenden Sie mehrere Dimensionen. Eine Reisekostenabrechnung kann gleichzeitig dem Kunden, dem Projekt, der Abteilung und der Kostenart zugeordnet werden. Diese Mehrdimensionalität ermöglicht später vielfältige Auswertungen aus verschiedenen Blickwinkeln.

Die zeitliche Dimension der Kategorisierung wird oft übersehen. Jede Transaktion sollte nicht nur eine inhaltliche Kategorie, sondern auch eine zeitliche Zuordnung erhalten:

- **Kalenderbezogene Erfassung**: Tag, Woche, Monat, Quartal, Jahr
- **Geschäftsjahrbezogene Erfassung**: Geschäftsjahr, Saison
- **Projektbezogene Erfassung**: Projektphase, Meilensteine

Mit Datumsfunktionen in Google Sheets können Sie diese Zuordnungen automatisieren:

=WENN(MONAT(A2)=1;"Q1";WENN(MONAT(A2)
Datenvalidierung"

3. Unter "Kriterien" wählen Sie "Liste aus einem Bereich"

4. Geben Sie den Bereich an, der Ihre vordefinierten Kategorien enthält

5. Aktivieren Sie "Ungültige Daten zurückweisen"

Die Implementierung eines durchdachten Kategoriensystems ist keine einmalige Aufgabe, sondern ein fortlaufender Prozess. Mit zunehmender Datenhistorie werden Sie Muster erkennen und Ihr System verfeinern. Ein Handwerksbetrieb begann mit 8 Grundkategorien und verfügte nach einem Jahr über ein ausgereiftes System mit 34 spezifischen Kategorien, das ihm präzise Einblicke in seine Kostenstruktur ermöglichte.

Die Mühe einer sorgfältigen Kategorienentwicklung zahlt sich in der Qualität Ihrer Analysen aus. Mit einem durchdachten System werden Sie nicht nur wissen, wie viel Sie ausgeben, sondern auch wofür genau und mit welchem Ertrag. Diese Transparenz ist der erste Schritt zur aktiven Profitsteuerung und bildet die Grundlage für alle weiteren DeepSeek-Analysen, die wir in den kommenden Kapiteln entwickeln werden.

1.2 Sheets-Setup für Profis: Vorlagen und Strukturen für Effizienz entwickeln

1.2.1 Eine skalierbare Budgetvorlage für Ihr Unternehmen erstellen

Der Unterschied zwischen improvisierter Budgetverwaltung und strategischer Finanzsteuerung zeigt sich bereits in der Grundstruktur Ihrer Google Sheets-Vorlage. Vor einigen Jahren beriet ich einen Handwerksbetrieb, der seine monatlichen Ausgaben in einem wilden Durcheinander von Tabellenblättern festhielt. Nach drei Stunden gemeinsamer Arbeit an einer skalierbaren Vorlage konnte der Inhaber erstmals überhaupt seine tatsächlichen Materialkosten pro Auftrag erkennen – ein Moment der Erkenntnis, der seine Kalkulation revolutionierte.

Eine wirklich effektive Budgetvorlage wächst mit Ihrem Unternehmen mit, ohne bei steigender Komplexität zusammenzubrechen. Sie bildet nicht nur Ihre aktuelle Situation ab, sondern antizipiert zukünftige Anforderungen. Wie ein gut durchdachter Bauplan sorgt sie dafür, dass Sie jederzeit problemlos anbauen können, ohne das Fundament neu errichten zu müssen.

Die Konzeption Ihrer maßgeschneiderten Budgetvorlage beginnt mit einer Analyse Ihrer spezifischen Anforderungen. Welche Finanzinformationen benötigen Sie regelmäßig? Wer wird mit der Vorlage arbeiten? Wie detailliert müssen Ihre Analysen sein? Ein Onlinehändler mit tausenden Produkten braucht eine andere Struktur als ein Beratungsunternehmen mit wenigen Dienstleistungskategorien aber zahlreichen Projekten.

Der modulare Aufbau ist das Herzstück einer skalierbaren Budgetvorlage. Statt einer monolithischen Tabelle empfehle ich Ihnen ein System aus miteinander verbundenen Tabellenblättern:

- **Eingabe-Tabellenblätter**: Hier werden Rohdaten erfasst (Einnahmen, Ausgaben, Buchungen)
- **Verarbeitungs-Tabellenblätter**: Hier findet die Berechnung von Kennzahlen und die Aufbereitung der Daten statt
- **Analyse-Tabellenblätter**: Hier entstehen Auswertungen und Visualisierungen
- **Dashboard-Tabellenblatt**: Eine übersichtliche Zusammenfassung der wichtigsten Kennzahlen

Diese klare Trennung verhindert, dass Ihre Vorlage bei steigender Datenmenge unübersichtlich wird. Jeder Bereich erfüllt eine spezifische Funktion und kann unabhängig von den anderen erweitert werden.

Die richtige Detailtiefe zu finden, stellt für viele Unternehmer eine Herausforderung dar. Ein Maschinenbauunternehmen, mit dem ich zusammenarbeitete, erfasste zunächst jede einzelne Schraube als separaten Budgetposten. Das Ergebnis war ein unhandliches Monster-Sheet mit tausenden Zeilen, das niemand mehr pflegen wollte. Nach einer Neustrukturierung mit aggregierten Materialkategorien und der Option, bei Bedarf in die Details zu zoomen, wurde das Budget wieder handhabbar.

Für den praktischen Aufbau Ihrer skalierbaren Budgetvorlage folgen Sie diesen bewährten Schritten:

1. **Tabellenblatt "Meta" erstellen**

   - Dokumentieren Sie Zweck, Struktur und Pflegehinweise
   - Legen Sie Finanzzeiträume und Berichtsperioden fest
   - Definieren Sie globale Parameter wie Mehrwertsteuersätze oder Währungen
2. **Tabellenblatt "Kategorien" anlegen**

- Erstellen Sie eine Masterliste aller Einnahme- und Ausgabekategorien
- Verwenden Sie eine hierarchische Struktur mit Haupt- und Unterkategorien
- Fügen Sie eine eindeutige ID für jede Kategorie hinzu

3. **Tabellenblatt "Transaktionen" einrichten**

- Gestalten Sie eine Eingabemaske für einzelne Finanztransaktionen
- Implementieren Sie Datenvalidierung für konsistente Eingaben
- Nutzen Sie Formeln für automatische Berechnungen (z.B. Mehrwertsteuer)

4. **Tabellenblatt "Budget" konzipieren**

- Erstellen Sie eine Matrix aus Kategorien (Zeilen) und Zeitperioden (Spalten)
- Integrieren Sie Plan- und Ist-Werte für Vergleichsmöglichkeiten
- Fügen Sie Abweichungsanalysen mit bedingter Formatierung hinzu

Die Querverbindungen zwischen diesen Tabellenblättern schaffen ein intelligentes System. Mit der SVERWEIS-Funktion können Sie beispielsweise automatisch Kategorienamen aus Ihrer Masterliste in andere Blätter übernehmen. Die Formel könnte so aussehen:

=SVERWEIS(A2;Kategorien!A:B;2;FALSCH)

Dynamische Namenbereiche steigern die Flexibilität Ihrer Vorlage erheblich. Statt feste Zellbereiche in Formeln zu verwenden, definieren Sie Namen, die sich automatisch anpassen. Ein Beispiel:

=BEREICH.VERSCHIEBEN(Transaktionen!A:F;1;0;ANZAHL2(Transaktionen!A:A)-1;6)

Diese Formel erstellt einen dynamischen Bereich, der alle Transaktionsdaten umfasst und sich automatisch erweitert, wenn neue Einträge hinzukommen.

Die Konsistenz der Datenstruktur über alle Tabellenblätter hinweg ist entscheidend für die Skalierbarkeit. Jeder Finanzposten sollte in jedem Blatt dieselbe ID und Kategorienzuordnung behalten. Diese Konsistenz ermöglicht es Ihnen, komplexe Verknüpfungen zu erstellen und Daten ohne Brüche zu analysieren.

Die Automatisierung repetitiver Berechnungen verhindert Fehler und spart Zeit. Mit geschickt konstruierten Arrayformeln können Sie ganze Spalten mit einem Schlag berechnen. Eine Beispielformel für die automatische Berechnung des Monatsbudgets aus Tagesdaten:

```
=ARRAYFORMULA(WENN(NICHT(ISEMPTY(A2:A));SUMMEWENN
(Transaktionen!C:C;"="&TEXT(A2:A;"mmm-jj");Transaktionen!F:F)
;))
```

Das richtige Layout für Ihrer Budgetvorlage erleichtert die tägliche Arbeit. Ein E-Commerce-Unternehmen klagte über die Unübersichtlichkeit seiner Finanzübersicht. Die Lösung war ein farbliches System mit visuellen Hierarchien:

- Eingabebereiche mit weißem Hintergrund
- Berechnete Felder mit hellgrauem Hintergrund
- Wichtige Kennzahlen mit farblicher Hervorhebung (grün für positive, rot für negative Abweichungen)
- Überschriften und Gruppierungen mit visuellen Abgrenzungen

Die Zugriffssteuerung spielt eine wichtige Rolle bei skalierbaren Vorlagen. Google Sheets bietet granulare Berechtigungen, mit denen Sie festlegen können, wer welche Bereiche sehen und bearbeiten darf. Für ein Dienstleistungsunternehmen richtete ich ein System ein, bei dem Projektleiter nur ihre eigenen Bereiche bearbeiten konnten, während die Geschäftsführung Zugriff auf das gesamte Budget hatte.

Die Verwendung von Dropdown-Listen durch Datenvalidierung verbessert die Benutzerfreundlichkeit und reduziert Fehler. Besonders für Kategorieauswahlen ist dies unverzichtbar:

1. Markieren Sie den Bereich für die Kategorieauswahl
2. Wählen Sie "Daten" > "Datenvalidierung"
3. Als Kriterium "Liste aus einem Bereich" auswählen
4. Den Bereich mit Ihren Kategorien angeben (z.B. Kategorien!B2:B50)

Kommentare und Dokumentation machen Ihre Vorlage zukunftssicher. Ein Produktionsunternehmen hatte eine hervorragende Budgetvorlage entwickelt, doch als der verantwortliche Controller das Unternehmen verließ, konnte niemand die komplexen Formeln verstehen. Durch eine gründliche Dokumentation jeder Funktion hätte dieses Problem vermieden werden können.

Die Integrationsfähigkeit mit anderen Datenquellen erhöht den Wert Ihrer Vorlage enorm. Mit der IMPORTRANGE-Funktion können Sie Daten aus anderen Google Sheets einbinden:

=IMPORTRANGE("URL-des-anderen-Sheets";"Tabellenblattname!A 1:D100")

So können Sie beispielsweise Verkaufsdaten aus einem anderen System automatisch in Ihr Budgetsheet importieren.

Die Versionskontrolle verhindert Datenverluste und ermöglicht es Ihnen, zu früheren Versionen zurückzukehren. Google Sheets speichert automatisch Versionshistorien, doch für wichtige Meilensteine empfehle ich, bewusst benannte Versionen zu erstellen:

1. Klicken Sie auf "Datei" > "Versionsverlauf" > "Benannte Version speichern"
2. Geben Sie einen beschreibenden Namen wie "Budget 2025 - Grundstruktur fertiggestellt" ein

Die regelmäßige Wartung Ihrer Vorlage sichert ihre Langlebigkeit. Ein Handelsunternehmen, das ich betreue, hat einen festen Termin im Quartal, um seine Budgetvorlage zu überprüfen und anzupassen. Dabei werden veraltete Elemente entfernt, neue Anforderungen integriert und die Gesamtstruktur optimiert.

Nicht zuletzt sollten Sie Ihre skalierbare Budgetvorlage einer Belastungsprobe unterziehen, bevor Sie sie im Tagesgeschäft einsetzen. Testen Sie mit doppelten oder dreifachen Datenmengen, um sicherzustellen, dass die Performance auch bei Wachstum stabil bleibt.

Die Zeit, die Sie in die Entwicklung einer skalierbaren Budgetvorlage investieren, zahlt sich vielfach aus. Ein Handwerksbetrieb reduzierte seinen monatlichen Zeitaufwand für Finanzauswertungen von zwei Tagen auf zwei Stunden und gewann gleichzeitig deutlich tiefere Einblicke in seine Kostenstruktur. Die daraus resultierenden Optimierungen führten zu einer Margensteigerung von 4%.

Im nächsten Abschnitt zeige ich Ihnen, wie Sie wichtige Google Sheets-Funktionen gezielt für Ihre Finanzanalysen einsetzen können, um das volle Potenzial Ihrer neuen Budgetvorlage auszuschöpfen.

1.2.2 WICHTIGE GOOGLE SHEETS-FUNKTIONEN FÜR FINANZDATEN GEZIELT NUTZEN

Die wahre Magie von Google Sheets entfaltet sich erst, wenn Sie die richtigen Funktionen für Ihre finanziellen Analysen einsetzen. Ein Elektronikfachhändler kam verzweifelt zu mir: "Ich habe alle Daten in Sheets, aber kann nichts damit anfangen!" Nachdem ich ihm die passenden Funktionen gezeigt hatte, konnte er erstmals die tatsächlichen Margen seiner Top-10-Produkte berechnen – eine Offenbarung, die seine Einkaufsstrategie grundlegend veränderte.

Aus meiner jahrelangen Erfahrung mit Finanzanalysen in Google Sheets habe ich einen Werkzeugkasten an Funktionen zusammengestellt, die speziell für Budgetanalysen und finanzielle Auswertungen konzipiert sind. Diese Funktionen bilden das Herzstück jeder intelligenten Budgetverwaltung und ermöglichen Ihnen tiefgehende Einblicke ohne Programmierkenntnisse.

Die SUMIF-Familie gehört zu den mächtigsten Werkzeugen für finanzielle Analysen. Diese konditionalen Summierungsfunktionen erlauben es Ihnen, Daten basierend auf bestimmten Kriterien zu aggregieren. Stellen Sie sich vor, Sie möchten wissen, wie viel Umsatz eine bestimmte Produktkategorie im letzten Quartal generiert hat:

=SUMIF(Kategorie_Bereich;"Elektronik";Umsatz_Bereich)

Für komplexere Anforderungen mit mehreren Bedingungen nutzen Sie SUMIFS:

=SUMIFS(Umsatz_Bereich;Kategorie_Bereich;"Elektronik";Datum_Bereich;">="&DATWERT("01.01.2025"))

Diese Funktionen revolutionieren Ihre Finanzanalysen, da sie flexible Aggregationen ohne umständliche manuelle Filterung ermöglichen.

Bedingte Zählfunktionen wie COUNTIF und COUNTIFS ergänzen Ihre Analysefähigkeiten. Ein Handwerksbetrieb nutzte diese Funktionen, um zu ermitteln, wie viele Aufträge in verschiedenen Preiskategorien abgeschlossen wurden:

=COUNTIFS(Auftragsart;"Reparatur";Auftragswert;">500")

Lookups sind unverzichtbar für die Verknüpfung verschiedener Datenbereiche. Die klassische SVERWEIS-Funktion ermöglicht es Ihnen, Informationen aus Referenztabellen zu ziehen:

=SVERWEIS(A2;Produktdaten!A:C;3;FALSCH)

Für noch flexiblere Abfragen bietet sich die neuere XVERWEIS-Funktion an:

=XVERWEIS(A2;Produktdaten!A:A;Produktdaten!C:C;"Nicht gefunden";0)

Der Vorteil von XVERWEIS liegt in seiner Fehlertoleranz und der Möglichkeit, sowohl horizontal als auch vertikal zu suchen, was bei komplexen Finanzanalysen entscheidend sein kann.

Die logischen Funktionen bilden das Rückgrat für bedingte Berechnungen in Ihren Finanzanalysen. Die WENN-Funktion erlaubt einfache Verzweigungen:

=WENN(B2>1000;"Großauftrag";"Standardauftrag")

Für komplexere Szenarien kombinieren Sie mehrere WENN-Funktionen oder nutzen Sie WENNFEHLER:

=WENNFEHLER(B2/C2;"Division durch Null nicht möglich")

Diese Funktion ist besonders bei Rentabilitätsberechnungen wichtig, wo Divisionen durch Null zu Fehlern führen können.

Datumsfunktionen sind für zeitbasierte Finanzanalysen unerlässlich. Ein Dienstleistungsunternehmen nutzte diese Funktionen, um monatliche Umsatztrends zu analysieren:

=MONAT(A2)

=JAHR(A2)

=HEUTE()

=KALENDERWOCHE(A2)

Die Kombination dieser Funktionen mit SUMIFS ermöglicht präzise zeitbasierte Auswertungen:

=SUMIFS(Umsatz;Datum;">="&DATUM(2025;1;1);Datum;" "Pivot-Tabelle"

3. Definieren Sie Zeilen, Spalten und Werte für Ihre Analyse

Mit der FILTER-Funktion können Sie dynamische Untersets Ihrer Daten erstellen, basierend auf flexiblen Kriterien:

=FILTER(A2:D100;B2:B100>1000;C2:C100="Elektronik")

Diese Funktion ist ideal, um relevante Finanzdaten zu isolieren, ohne die Originaldaten zu verändern.

Für Zeitreihenanalysen und Prognosen sind statistische Funktionen wie TREND von unschätzbarem Wert:

=TREND(bekannte_y;bekannte_x;neue_x)

Ein produzierendes Unternehmen nutzte diese Funktion, um basierend auf historischen Daten Umsatzprognosen für die kommenden Monate zu erstellen.

Die WACHSTUM-Funktion ist ein weiteres mächtiges Werkzeug für exponentielles Wachstum:

=WACHSTUM(bekannte_y;bekannte_x;neue_x)

Besonders für Startups und wachstumsstarke Unternehmen ist diese Funktion zur Prognose finanzieller Entwicklungen wertvoll.

Für Investitionsanalysen sind die Finanzfunktionen unerlässlich:

* **ZW**: Berechnet den Zukunftswert einer Investition

* **BW**: Berechnet den Barwert einer Investition

* **IZF**: Berechnet den internen Zinsfuß für eine Investition

* **ZZR**: Berechnet die Zinseszins-Rate für eine Investition

Ein Beispiel für eine Barwertberechnung:

=BW(0,05;10;-1000;;0)

Diese Formel berechnet den heutigen Wert von 10 jährlichen Zahlungen à 1.000 € bei einem Zinssatz von 5%.

Bedingte Formatierung kombiniert mit Formeln schafft visuelle Frühwarnsysteme für Ihre Finanzdaten. Definieren Sie Regeln, die wichtige Schwellenwerte überwachen:

1. Markieren Sie den zu überwachenden Bereich

2. Wählen Sie "Format" > "Bedingte Formatierung"

3. Definieren Sie Regeln wie "Zellwert ist kleiner als Budget * 0,8"

Namenbereiche erhöhen die Lesbarkeit und Wartbarkeit Ihrer Finanzformeln erheblich. Statt kryptischer Zellbezüge wie "A1:A100" verwenden Sie aussagekräftige Namen:

1. Markieren Sie einen Datenbereich

2. Wählen Sie "Daten" > "Benannte Bereiche"

3. Vergeben Sie einen aussagekräftigen Namen wie "Umsatz_2025"

Ihre Formeln werden dadurch nicht nur verständlicher, sondern auch robuster gegen Strukturänderungen im Sheet.

Die Integration von Google Sheets mit anderen Datenquellen multipliziert Ihre Analysemöglichkeiten. Die IMPORTRANGE-Funktion ermöglicht den Import von Daten aus anderen Sheets:

```
=IMPORTRANGE("URL_des_anderen_Sheets";"Tabellenblattname!A
1:F100")
```

Für Währungsumrechnungen und Aktienkurse nutzen Sie die GOOGLEFINANCE-Funktion:

```
=GOOGLEFINANCE("CURRENCY:EURUSD")
=GOOGLEFINANCE("GOOG";"price")
```

Die gezielte Kombination dieser Funktionen schafft ein mächtiges Analyse-Ökosystem in Google Sheets. Ein Handelsunternehmen, das ich betreue, reduzierte seine monatliche Analysezelt von drei Tagen auf drei Stunden, indem es diese Funktionen in einem integrierten Dashboard zusammenführte.

Im nächsten Kapitel zeige ich Ihnen, wie Sie auf diesem Funktions-Fundament aufbauen und grundlegende Rentabilitätsanalysen durchführen, die Ihnen erstmals tiefe Einblicke in die Profitabilität Ihres Unternehmens gewähren.

ERSTE EINBLICKE GEWINNEN: GRUNDLEGENDE RENTABILITÄTSANALYSEN IN SHEETS DURCHFÜHREN

Nach dem Aufbau einer soliden Datenstruktur beginnt nun der spannende Teil: das Gewinnen erster Erkenntnisse aus Ihren Finanzdaten. Viele meiner Kunden erleben diesen Moment als regelrechte Offenbarung. Ein Architekturbüro, mit dem ich arbeitete, hatte jahrelang Umsatz- und Kostendaten gesammelt, ohne jemals einen klaren Blick auf die tatsächliche Rentabilität einzelner Projekte zu werfen. Als wir die erste einfache Margenanalyse in Google Sheets durchführten, war der Geschäftsführer sprachlos: Zwei ihrer prestigeträchtigsten Projekte erwiesen sich als die unprofitabelsten, während ein vermeintlich unspektakuläres Standardprojekt die höchste Marge lieferte.

Die Schönheit grundlegender Rentabilitätsanalysen liegt in ihrer Einfachheit und gleichzeitig enormen Aussagekraft. Sie benötigen keine komplexen Algorithmen oder teuren BI-Tools, um wertvolle Einblicke zu gewinnen. Google Sheets bietet alle nötigen Funktionen, um Ihre Finanzperspektive fundamental zu verändern.

Das Potenzial einfacher Rentabilitätsanalysen wird von den meisten Unternehmen drastisch unterschätzt. Ein IT-Dienstleister kam zu mir mit dem Wunsch nach einem komplexen Controlling-Dashboard. Bevor wir dieses entwickelten, führten wir eine einfache Deckungsbeitragsrechnung für seine fünf Hauptdienstleistungen durch. Das Ergebnis: Seine am häufigsten angebotene Dienstleistung generierte kaum Deckungsbeitrag, während ein Nischenangebot mit nur wenigen Kunden überproportional zum Gewinn beitrug. Diese Erkenntnis veränderte seine gesamte Geschäftsstrategie.

Die grundlegenden Rentabilitätsanalysen, die ich Ihnen in diesem Kapitel zeigen werde, bilden das Herzstück jeder intelligenten Budgetverwaltung. Sie helfen Ihnen, drei zentrale Fragen zu beantworten:

- Welche Produkte, Dienstleistungen oder Kunden generieren den höchsten Profit?
- Wo entstehen versteckte Kosten, die Ihre Margen schmälern?
- Welche Trends zeichnen sich in Ihrer finanziellen Entwicklung ab?

Mein Ansatz zu Rentabilitätsanalysen in Google Sheets folgt einem klaren Stufenmodell. Die erste Stufe, die wir in diesem Kapitel erkunden, umfasst einfache, aber aussagekräftige Kennzahlen und Visualisierungen, die mit grundlegenden Sheets-Funktionen erstellt werden können. In späteren Kapiteln bauen wir darauf auf und entwickeln komplexere Analysen.

Eine effektive Rentabilitätsanalyse beginnt mit der richtigen Perspektive. Zu viele Unternehmer fixieren sich auf absolute Zahlen wie den Umsatz oder Gesamtgewinn. Meine Erfahrung zeigt jedoch: Die wirklich wertvollen Erkenntnisse liegen in relativen Kennzahlen und Vergleichen. Ein Einzelhandelsunternehmen freute sich über einen Umsatzanstieg von 15% im Vergleich zum Vorjahr, übersah aber, dass gleichzeitig die Marge von 12% auf 8% gesunken war – ein Warnsignal, das ohne relative Betrachtung unsichtbar blieb.

Die Transparenz Ihrer Finanzen durch grundlegende Rentabilitätsanalysen schafft einen unschätzbaren Wettbewerbsvorteil. Ein Produktionsunternehmen konnte durch meine einfachen Analyseansätze innerhalb weniger Wochen seine durchschnittliche Produktmarge um 3 Prozentpunkte steigern – und das ohne Preiserhöhungen, sondern allein durch gezielte Optimierung der identifizierten Schwachstellen.

Die ersten Schritte zur Rentabilitätsanalyse können Sie bereits heute umsetzen. Sie benötigen lediglich:

- Ihre strukturierten Einnahmen- und Ausgabendaten
- Ein grundlegendes Verständnis von Google Sheets
- Die Bereitschaft, Ihre finanziellen Annahmen zu hinterfragen

Typische Einblicke, die meine Kunden durch grundlegende Rentabilitätsanalysen gewinnen, umfassen:

- **Überraschende Profitabilitätsmuster**: Welche Produkte oder Dienstleistungen tragen überproportional zum Gewinn bei

- **Verborgene Kostentreiber**: Wo entstehen Kosten, die auf den ersten Blick nicht sichtbar sind
- **Saisonale Schwankungen**: Wie sich Profitabilität im Jahresverlauf verändert
- **Entwicklungstrends**: Ob sich Margen verbessern oder verschlechtern
- **Auffällige Ausreißer**: Einzelne Transaktionen oder Kunden mit außergewöhnlicher Profitabilität

Der zeitliche Investitionsaufwand für erste Rentabilitätsanalysen ist erstaunlich gering. Ein Handwerksbetrieb benötigte gerade einmal drei Stunden, um mit meiner Anleitung ein funktionierendes Rentabilitäts-Dashboard aufzubauen. Der Inhaber konnte dadurch sofort erkennen, dass Aufträge unter 1.000 Euro systematisch unprofitabel waren – eine Erkenntnis, die seine Angebotspolitik grundlegend veränderte.

Die Visualisierung von Rentabilitätsdaten bildet einen Schlüsselaspekt erfolgreicher Analysen. Zahlenkolonnen mögen für Finanzexperten informativ sein, doch die meisten Menschen erfassen Muster und Trends deutlich schneller in grafischer Form. Ich zeige Ihnen in diesem Kapitel, wie Sie mit wenigen Klicks aussagekräftige Diagramme und übersichtliche Dashboards erstellen, die Ihre finanziellen Erkenntnisse sofort sichtbar machen.

Die Kombination von grundlegenden Kennzahlen mit flexiblen Datenzusammenfassungen bildet das Rückgrat Ihrer Rentabilitätsanalyse. Google Sheets bietet hierfür zwei besonders wertvolle Werkzeuge: einfache Formeln für Margen- und Deckungsbeitragsberechnungen sowie Pivot-Tabellen für dynamische Auswertungen verschiedener Dimensionen. Diese Werkzeuge werde ich Ihnen im Detail vorstellen und durch praktische Beispiele veranschaulichen.

Mein Ziel in diesem Kapitel ist klar: Ich möchte Ihnen die Werkzeuge und Methoden an die Hand geben, mit denen Sie innerhalb kürzester Zeit wertvolle Einblicke in die Profitabilität Ihres Unternehmens gewinnen können – ohne komplexe Formeln oder Funktionen. Die folgenden Abschnitte führen Sie Schritt für Schritt durch diesen Prozess.

Die typischen Aha-Momente meiner Kunden bei ersten Rentabilitätsanalysen umfassen:

- Die Erkenntnis, dass 80% des Gewinns oft von nur 20% der Produkte oder Kunden stammen
- Das Aufdecken systematisch unterkalkuierter Angebote oder Dienstleistungen
- Die Identifikation von Produkten mit hohem Umsatz aber geringer Marge
- Das Erkennen von zeitlichen Mustern in der Profitabilität
- Die Entdeckung versteckter Quersubventionierungen zwischen verschiedenen Geschäftsbereichen

Die Entmystifizierung finanzieller Zusammenhänge gehört zu den wertvollsten Nebeneffekten grundlegender Rentabilitätsanalysen. Ein Einzelunternehmer gestand mir: "Ich hatte immer Angst vor Zahlen und Finanzen. Jetzt, mit diesen einfachen Analysen, fühle ich mich endlich in Kontrolle und sehe klar, was in meinem Geschäft passiert."

Google Sheets erweist sich für diese ersten Analyseschritte als ideale Plattform, da es Flexibilität mit Benutzerfreundlichkeit verbindet. Im Gegensatz zu spezialisierten Finanzsoftwarelösungen können Sie in Sheets Ihre Analysen genau an Ihre spezifischen Bedürfnisse anpassen, ohne durch vordefinierte Strukturen eingeschränkt zu werden.

Der pragmatische Einstieg in die Rentabilitätsanalyse steht im Mittelpunkt meines Ansatzes. Statt sich in theoretischen Konzepten zu verlieren, fokussieren wir uns auf direkt umsetzbare Analysen mit sofortigem Mehrwert. Ein Beispiel: Für ein Beratungsunternehmen erstellten wir eine einfache Kreuztabelle, die Projekttypen mit Kundengruppen verband und den durchschnittlichen Deckungsbeitrag visualisierte. Auf einen Blick wurde sichtbar, welche Kombinationen besonders profitabel waren – eine Erkenntnis, die direkt in die Vertriebsstrategie einfloss.

Die intuitive Bedienbarkeit meiner Analyse-Templates gewährleistet, dass Sie diese selbständig weiterentwickeln und anpassen können. Alle vorgestellten Methoden sind bewusst so gestaltet, dass sie auch ohne tiefe technische Kenntnisse verständlich und modifizierbar bleiben. Mein Ziel ist nicht, Sie von meiner Expertise abhängig zu machen, sondern Sie zu befähigen, selbst zum Experten Ihrer Finanzdaten zu werden.

Das Kapitel gliedert sich in zwei Hauptbereiche: Im ersten Teil konzentrieren wir uns auf die Berechnung grundlegender Rentabilitätskennzahlen wie Brutto- und Nettomargen sowie Deckungsbeiträge. Der zweite Teil widmet sich der Visualisierung dieser Kennzahlen durch Diagramme und Pivot-Tabellen, um Muster und Trends sichtbar zu machen.

Die konsequente Anwendung der vorgestellten Analysetechniken wird Ihre finanzielle Perspektive nachhaltig verändern. Ein Handelsunternehmen, das meine Methoden implementierte, steigerte seinen Unternehmensgewinn innerhalb von sechs Monaten um 23% – nicht durch höhere Umsätze, sondern allein durch bessere Entscheidungen basierend auf klaren Rentabilitätsanalysen.

Im nächsten Abschnitt tauchen wir tiefer ein und lernen, wie Sie Brutto- und Nettomargen auf Knopfdruck berechnen können – eine einfache, aber unglaublich machtvolle Methode, um sofort Klarheit über die Profitabilität Ihrer Produkte oder Dienstleistungen zu gewinnen.

2.1 Profitabilitäts-Radar aktivieren: Einfache Kennzahlen direkt in Sheets berechnen

2.1.1 Brutto- und Nettomargen auf Knopfdruck ermitteln

Die Berechnung von Margen gehört zu den aufschlussreichsten Analysen, die Sie in Google Sheets durchführen können. Ein Elektronikhändler aus meiner Beratungspraxis staunte nicht schlecht, als wir seine Produkte nach Margen statt nach Umsatz sortierten. Sein meistverkauftes Produkt rangierte plötzlich im unteren Drittel der Profitabilität, während ein unscheinbares Nischenprodukt die höchste Marge erwirtschaftete. Diese simple Analyse veränderte seine Einkaufsstrategie grundlegend.

Margen erzählen die wahre Geschichte Ihres Geschäfts. Sie enthüllen, wie viel von jedem verdienten Euro tatsächlich in Ihrer Tasche bleibt. Doch überraschend viele Unternehmer konzentrieren sich ausschließlich auf Umsätze und vernachlässigen diese kritischen Kennzahlen. Mit Google Sheets können Sie Brutto- und Nettomargen praktisch auf Knopfdruck berechnen und damit Ihre Entscheidungsbasis revolutionieren.

Brutto- und Nettomargen unterscheiden sich grundlegend in ihrer Aussagekraft. Die Bruttomarge berücksichtigt lediglich direkte Kosten wie Material oder Wareneinsatz, während die Nettomarge sämtliche Kosten einbezieht. Ein Produktionsbetrieb, den ich betreute, wunderte sich über seine hervorragenden Bruttomargen von durchschnittlich 48%, während das Gesamtergebnis dennoch bescheiden ausfiel. Erst die Berechnung der Nettomargen deckte auf, dass hohe indirekte Kosten den Gewinn aufzehrten.

Die mathematische Grundlage für Margenberechnungen ist einfach. Für die Bruttomarge teilen Sie den Bruttogewinn (Umsatz minus direkte Kosten) durch den Umsatz und multiplizieren mit 100. Die Formel in Sheets sieht so aus:

`=(B2-C2)/B2*100`

Wobei B2 der Umsatz und C2 die direkten Kosten sind. Für die Nettomarge ergänzen Sie einfach die indirekten Kosten:

`=(B2-(C2+D2))/B2*100`

Diese einfachen Formeln erschließen Ihnen eine Welt voller Erkenntnisse über Ihre Geschäftsprofitabilität.

Der praktische Einsatz von Margenberechnungen in Google Sheets folgt einem bewährten Ablauf:

1. **Datenstruktur aufbauen**

   - Erstellen Sie Spalten für Produkt/Dienstleistung, Umsatz, direkte Kosten, indirekte Kosten
   - Fügen Sie Berechnungsspalten für Bruttogewinn, Nettogewinn, Bruttomarge und Nettomarge hinzu
   - Strukturieren Sie die Daten granular, um Detailanalysen zu ermöglichen

2. **Formeln implementieren**

   - Bruttogewinn = Umsatz - direkte Kosten
   - Nettogewinn = Umsatz - (direkte Kosten + indirekte Kosten)
   - Bruttomarge in % = (Bruttogewinn / Umsatz) * 100
   - Nettomarge in % = (Nettogewinn / Umsatz) * 100

3. **Visualisierungen hinzufügen**

   - Erstellen Sie ein Balkendiagramm, das Produkte nach Marge sortiert
   - Fügen Sie bedingte Formatierung hinzu, die hohe Margen grün und niedrige rot markiert
   - Implementieren Sie ein Liniendiagramm für den zeitlichen Margenverlauf

Die dynamische Sortierung nach Profitabilität schafft sofortige Klarheit. Mit einer einfachen SORTIEREN-Funktion können Sie Ihre Produkte oder Dienstleistungen nach absteigender Marge anordnen:

=SORTIEREN(A2:H50;7;FALSCH)

Diese Formel sortiert den Bereich A2:H50 basierend auf den Werten in Spalte 7 (Bruttomarge) in absteigender Reihenfolge. Eine solche Sortierung offenbart sofort, welche Produkte oder Dienstleistungen Ihre Gewinnbringer sind.

Die visuelle Hervorhebung durch bedingte Formatierung verstärkt die Aussagekraft Ihrer Margenanalyse erheblich. Ich empfehle, Margen über 30% grün, zwischen 15% und 30% gelb und unter 15% rot zu färben. In Sheets richten Sie dies so ein:

1. Markieren Sie die Margenspalte
2. Wählen Sie "Format" > "Bedingte Formatierung"
3. Erstellen Sie drei Regeln mit entsprechenden Farbcodes

Die regelbasierte Farbcodierung ermöglicht schnelle visuelle Einschätzungen selbst in umfangreichen Datensätzen.

Die Implementierung eines Margin-Dashboards schafft kontinuierliche Transparenz. Für einen Möbelhändler entwickelte ich ein Dashboard, das täglich seine Top 5 und Flop 5 Produkte nach Marge anzeigte. Dies führte zu einer gezielten Kampagne zur Steigerung des Absatzes der margenstärksten Produkte und einer Preisanpassung bei den margenschwachen Artikeln. Das Ergebnis: eine Steigerung der durchschnittlichen Gesamtmarge um 3,5 Prozentpunkte innerhalb eines Quartals.

Die Analyse zeitlicher Margenentwicklungen offenbart wichtige Trends. Mit einer QUERY-Funktion können Sie die durchschnittliche Marge pro Monat berechnen:

=QUERY(Daten!A:H; "SELECT MONTH(A), AVG(G) WHERE A IS NOT NULL GROUP BY MONTH(A) LABEL MONTH(A) 'Monat', AVG(G) 'Durchschnittliche Bruttomarge %'")

Diese Funktion gruppiert Ihre Daten nach Monaten und berechnet die durchschnittliche Bruttomarge für jeden Monat. So erkennen Sie saisonale Schwankungen oder langfristige Trends in Ihrer Profitabilität.

Die Segmentierung nach Kundengruppen oder Vertriebskanälen erweitert Ihre Margenanalyse. Ein Online-Händler, mit dem ich zusammenarbeitete, entdeckte durch segmentierte Margenanalysen, dass seine Marktplatz-Verkäufe konstant niedrigere Margen generierten als sein eigener Webshop. Diese Erkenntnis führte zu einer Neubewertung seiner Verkaufsstrategie und einer Fokussierung auf den Ausbau des direkten Online-Vertriebs.

Vergleichsanalysen zwischen Ist-Margen und Ziel-Margen decken Optimierungspotenziale auf. Ich empfehle, in Ihrem Sheet eine Spalte für Zielmargen zu ergänzen und die Abweichung zu berechnen:

=E2-H2

Wobei E2 die Ziel-Bruttomarge und H2 die tatsächliche Bruttomarge ist. Diese einfache Berechnung identifiziert sofort Produkte oder Dienstleistungen, die Ihre Rentabilitätsziele verfehlen.

Die Durchführung von Sensitivitätsanalysen ermöglicht die Simulation verschiedener Preisszenarien. Mit einer einfachen Preisanpassung-Matrix können Sie sofort sehen, wie sich Preisänderungen auf Ihre Margen auswirken. Für einen Dienstleister erstellte ich eine solche Matrix, die zeigte, dass eine Preiserhöhung von nur 5% seine Nettomarge um beeindruckende 22% steigern würde, da die Fixkosten gleichblieben.

Die Integration von Wechselkurseffekten ist für importierende Unternehmen essentiell. Ein Elektronikimporteur, den ich beriet, schwankte in seiner Marge erheblich durch Kursschwankungen. Wir ergänzten sein Margin-Sheet um eine GOOGLEFINANCE-Funktion, die aktuelle Wechselkurse importierte:

=GOOGLEFINANCE("CURRENCY:USDEUR")

So konnte er jederzeit sehen, wie Wechselkursveränderungen seine tatsächlichen Margen beeinflussten.

Die Gruppierung nach Margenbändern schafft strategische Klarheit. In einem Produktionsunternehmen teilten wir die Produkte in drei Margenkategorien ein: "Premium" (>35%), "Standard" (20-35%) und "Basis" (<20%). Diese einfache Kategorisierung half dem Management, klare Vertriebsstrategien für jede Kategorie zu entwickeln und Ressourcen gezielter zuzuteilen.

Die automatische Benachrichtigung bei Margenunterschreitungen funktioniert als Frühwarnsystem. Mit bedingter Formatierung und WENN-Funktionen können Sie automatische Warnungen erstellen, sobald Margen unter definierte Schwellenwerte fallen. Ein Handelsunternehmen implementierte solche Warnungen und konnte dadurch sofort reagieren, wenn Produkte unter die kritische 15%-Margenschwelle fielen.

Die Verknüpfung von Margenanalysen mit Absatzvolumen offenbart das Gesamtbild. Eine reine Margenbetrachtung kann irreführend sein, da Produkte mit hohen Margen möglicherweise nur geringe Absatzmengen erzielen. Ich empfehle daher die Berechnung des Gesamtdeckungsbeitrags:

=F2*D2

Wobei F2 die Stückanzahl und D2 der Deckungsbeitrag pro Stück ist. Diese Kennzahl zeigt den tatsächlichen finanziellen Beitrag jedes Produkts zu Ihrem Unternehmenserfolg.

Die praktische Anwendung all dieser Techniken hat einem meiner Kunden, einem mittelständischen Möbelhersteller, geholfen, seine Gesamtmarge innerhalb eines Jahres von 22% auf 29% zu steigern. Der entscheidende Faktor war nicht eine radikale Umstellung seiner Geschäftspraktiken, sondern einfach die konsequente Anwendung dieser Margenanalysen und die daraus resultierenden gezielten Anpassungen bei Preisen, Produktfokus und Kostenstrukturen.

Im nächsten Abschnitt zeige ich Ihnen, wie Sie die Deckungsbeitragsrechnung für detailliertere Rentabilitätsvergleiche nutzen können, um Ihre Finanzanalysen auf die nächste Stufe zu heben.

2.1.2 DECKUNGSBEITRAGSRECHNUNG FÜR ERSTE RENTABILITÄTSVERGLEICHE ANWENDEN

Die Deckungsbeitragsrechnung bildet das Herzstück jeder fundierten Rentabilitätsanalyse. Als ich einem Eventmanager diese Methode vorstellte, wandelte sich sein Gesichtsausdruck von Skepsis zu ungläubigem Staunen: "Ich hätte nie gedacht, dass die Firmenevents, die ich als unsere Cashcows betrachtet habe, tatsächlich am wenigsten zum Gesamtergebnis beitragen!" Diese Erkenntnis führte zu einer kompletten Neuausrichtung seines Geschäftsmodells und einer Verdopplung seines Gewinns innerhalb eines Jahres.

Der Deckungsbeitrag (DB) unterscheidet sich grundlegend von der reinen Marge, da er konkret zeigt, welchen Beitrag ein Produkt oder eine Dienstleistung zur Deckung Ihrer Fixkosten leistet. Während Margen Prozentsätze darstellen, liefert der

Deckungsbeitrag absolute Zahlen. Ein Handwerker mit zwei Dienstleistungen verstand diesen Unterschied sofort: Seine Reparaturaufträge brachten zwar eine höhere Marge (35% vs. 25% bei Neuinstallationen), doch die Neuinstallationen generierten einen deutlich höheren absoluten Deckungsbeitrag aufgrund ihres größeren Volumens.

Google Sheets eignet sich hervorragend für aussagekräftige Deckungsbeitragsrechnungen. Mit wenigen gezielten Formeln schaffen Sie ein leistungsstarkes Analyse-Tool, das Ihnen tiefe Einblicke in die tatsächliche Profitabilität Ihrer Geschäftsbereiche ermöglicht. Im Gegensatz zu komplexen Controlling-Systemen können Sie in Sheets Ihre Berechnungen jederzeit anpassen und erweitern, um sie an Ihre spezifischen Geschäftsanforderungen anzupassen.

Die Grundformel für die Deckungsbeitragsrechnung ist denkbar einfach, aber enorm aussagekräftig:

Deckungsbeitrag = Nettoerlös - variable Kosten

In Google Sheets sieht eine typische Umsetzung so aus:

=B2-C2

Wobei B2 der Nettoerlös und C2 die Summe aller variablen Kosten ist. Doch die wahre Stärke entfaltet sich erst mit einer mehrstufigen Deckungsbeitragsrechnung.

Der Aufbau einer strukturierten Deckungsbeitragsrechnung in Google Sheets folgt diesen systematischen Schritten:

1. **Datenstruktur aufbauen**

   - Erstellen Sie Spalten für Produkt/Dienstleistung, Umsatz, variable Kosten (detailliert nach Kategorien)

- Fügen Sie Berechnungsspalten für DB I, fixe Produktkosten, DB II, anteilige Gemeinkosten und DB III hinzu
- Integrieren Sie Zeilen für Summen und DB-Kennzahlen

2. **Formeln für mehrstufige DB-Rechnung implementieren**

  - DB I = Umsatz - variable Kosten
  - DB II = DB I - fixe Produktkosten
  - DB III = DB II - anteilige Gemeinkosten

3. **Relationale Kennzahlen berechnen**

  - DB-Quote = DB I / Umsatz
  - Break-Even-Punkt = Fixkosten / DB-Quote
  - Sicherheitsspanne = (Umsatz - Break-Even-Umsatz) / Umsatz

Die variable Kostenidentifikation bildet die Grundlage jeder korrekten Deckungsbeitragsrechnung. Ein Online-Händler, den ich beriet, hatte Schwierigkeiten, seine Kosten eindeutig in fix und variabel zu unterteilen. Wir entwickelten ein einfaches Entscheidungskriterium: "Würde diese Kostenposition auch anfallen, wenn wir dieses Produkt nicht verkaufen würden?" Falls nein, handelt es sich um variable Kosten. Dieses klarere Verständnis führte zu einer präziseren Berechnung und besseren Entscheidungen.

Die mehrstufige Deckungsbeitragsrechnung liefert differenzierte Einblicke in verschiedene Kostenebenen. Ein Produktionsbetrieb nutzte meinen Ansatz mit drei DB-Stufen, um ein vollständiges Bild zu erhalten:

- **DB I**: Nach Abzug rein variabler Kosten (Material, Fertigungslöhne, Energie pro Stück)
- **DB II**: Nach Abzug produktspezifischer Fixkosten (dedizierte Maschinen, Werkzeuge, Produktentwicklung)

- **DB III**: Nach Abzug anteiliger Gemeinkosten (Verwaltung, Miete, allgemeine Vertriebskosten)

Diese Gliederung deckte auf, dass Produkte mit hohem DB I manchmal aufgrund hoher produktspezifischer Fixkosten unter dem Strich weniger profitabel waren als Produkte mit niedrigerem DB I.

Die Zuweisung von Gemeinkosten erfordert strategisches Denken. Eine Dienstleistungsagentur verteilte ihre Gemeinkosten zunächst pauschal nach Umsatz, was dazu führte, dass umsatzstarke, aber arbeitsintensive Dienstleistungen als profitabler erschienen als sie tatsächlich waren. Wir entwickelten einen Verteilungsschlüssel auf Basis der tatsächlich benötigten Ressourcen (Arbeitszeit, Raumnutzung, Verwaltungsaufwand), was ein wesentlich realistischeres Bild der Profitabilität ergab.

Die Durchführung von Sensitivitätsanalysen mit Deckungsbeiträgen offenbart direkte Hebelwirkungen auf Ihren Gewinn. Ein Praxis-Beispiel verdeutlicht dies: Ein Handelsunternehmen erstellte eine Matrix, die zeigte, wie sich verschiedene Preisänderungen und Kostenreduktionen auf den Deckungsbeitrag auswirken würden. Es stellte sich heraus, dass eine Preiserhöhung von 5% den gleichen Effekt auf den DB hatte wie eine Reduktion der variablen Kosten um 12% - eine Erkenntnis, die die Preisstrategie grundlegend veränderte.

Das Konzept des Break-Even-Punkts erweitert Ihre Deckungsbeitragsanalyse um eine kritische Dimension. Mit dieser einfachen Formel in Google Sheets:

=F2/E2

Wobei F2 die Fixkosten und E2 die DB-Quote ist, berechnen Sie die Umsatzmenge, die Sie mindestens erreichen müssen, um Ihre Kosten zu decken. Ein Dienstleister nutzte diese Berechnung, um festzustellen, wie viele Kunden er mindestens gewinnen musste, um seine Investition in eine neue Software zu amortisieren.

Die visuelle Darstellung von Deckungsbeiträgen verstärkt die Aussagekraft Ihrer Analysen erheblich. Ich empfehle diese effektiven Visualisierungsformen:

- **Wasserfalldiagramm**: Zeigt die Entwicklung vom Umsatz über verschiedene Kostenpositionen zum Endergebnis
- **Balkendiagramm**: Vergleicht DB-Werte verschiedener Produkte oder Zeiträume
- **Pareto-Diagramm**: Visualisiert, welche Produkte den größten Anteil am Gesamt-DB liefern
- **Break-Even-Chart**: Zeigt Schnittpunkt von Umsatz- und Kostenlinie

Die Integration von Deckungsbeiträgen in Pivot-Tabellen eröffnet dynamische Analysemöglichkeiten. Ein Handelsunternehmen erstellte eine Pivot-Tabelle mit Produktkategorien in den Zeilen, Monaten in den Spalten und DB I als Werten. Mit einem Klick konnte die Geschäftsführung erkennen, welche Kategorien in welchen Monaten die höchsten Deckungsbeiträge lieferten, und saisonale Muster identifizieren.

Die Analyse von DB-Verhältnissen zwischen verschiedenen Geschäftsbereichen deckt Optimierungspotenziale auf. Ein Restaurantbetrieb nutzte meine DB-Analyse, um das Verhältnis zwischen Food und Beverage zu optimieren. Es stellte sich heraus, dass Getränke einen überproportional hohen Deckungsbeitrag lieferten. Daraufhin wurde das Servicekonzept angepasst, um den Getränkeverkauf zu fördern, was den Gesamtdeckungsbeitrag um 14% steigerte.

Die Zeitreihenanalyse von Deckungsbeiträgen ermöglicht die Erkennung kritischer Trends. Mit der TREND-Funktion in Google Sheets können Sie zukünftige Entwicklungen prognostizieren:

=TREND(DB_Historie;Zeitpunkte_Historie;Zeitpunkte_Zukunft)

Diese Funktion analysiert historische DB-Daten und extrapoliert den Trend in die Zukunft. Ein Einzelhändler nutzte diese Methode, um frühzeitig auf eine negative DB-Entwicklung in einer Produktkategorie zu reagieren, bevor diese Verluste verursachte.

Die produktübergreifende DB-Optimierung erschließt neue Gewinnpotenziale. Ein Produktionsbetrieb stellte durch meine DB-Analyse fest, dass einige Produkte mit geringem DB zwar an sich kaum profitabel waren, aber oft zusammen mit hochmargigen Produkten gekauft wurden. Statt diese Produkte aus dem Sortiment zu nehmen, entwickelten wir gebündelte Angebote, die den Gesamtdeckungsbeitrag maximierten.

Die dynamische DB-Quote-Analyse erkennt Effizienztrends in Ihrem Unternehmen. Die DB-Quote (Deckungsbeitrag dividiert durch Umsatz) zeigt, wie viel Prozent Ihres Umsatzes zur Deckung der Fixkosten und zur Gewinnerzielung beitragen. Ein sinkendes Verhältnis deutet auf steigende variable Kosten oder Preisdruck hin. Ein Online-Shop implementierte ein Ampelsystem, das Produktkategorien mit sinkender DB-Quote automatisch rot markierte, um sofort gegensteuern zu können.

Die kapazitätsbezogene Deckungsbeitragsrechnung berücksichtigt limitierende Faktoren. Für ein Unternehmen mit begrenzten Produktionskapazitäten erweiterten wir die DB-Analyse um die Dimension "DB pro Maschinenstunde":

=Deckungsbeitrag/benötigte_Maschinenstunden

Diese erweiterte Betrachtung offenbarte, dass einige Produkte mit hohem absoluten DB tatsächlich die Maschinen ineffizient nutzten. Die Umstellung des Produktmix führte zu einer Steigerung des Gesamt-DB um 23% bei gleichbleibender Maschinenauslastung.

Die Erweiterung Ihrer DB-Analyse durch Conditional Formatting in Google Sheets schafft intuitive Entscheidungsgrundlagen. Mit wenigen Klicks können Sie Regeln definieren, die beispielsweise alle Produkte mit einem DB unter 30% rot und über 50% grün markieren. Ein Handelsbetrieb implementierte ein dreistufiges Farbsystem und machte es zur Regel, dass keine neuen "roten"

Produkte mehr ins Sortiment aufgenommen wurden, es sei denn, sie erfüllten strategische Ziele.

Die praktische Anwendung der Deckungsbeitragsrechnung hat einem meiner Kunden, einem mittelständischen Online-Händler, innerhalb eines Jahres zu einer Steigerung des Unternehmensgewinns um 32% verholfen. Das Geheimnis lag nicht in radikalen Änderungen, sondern in der systematischen Analyse und gezielten Optimierung basierend auf den gewonnenen DB-Erkenntnissen. Die Kombination aus Sortimentsbereinigung, selektiven Preisanpassungen und Fokussierung der Marketingmaßnahmen auf hochprofitable Produkte führte zu diesem beeindruckenden Ergebnis.

Im nächsten Abschnitt zeige ich Ihnen, wie Sie diese Kennzahlen durch aussagekräftige Visualisierungen noch greifbarer machen können, um finanzielle Trends und Muster auf einen Blick zu erkennen.

2.2 Visualisierungs-Werkzeuge: Finanzielle Trends und Muster sichtbar machen

2.2.1 Aussagekräftige Diagramme zur Budgetkontrolle erstellen

Zahlenkolonnen allein erzählen nur selten die ganze Geschichte Ihrer Finanzdaten. Während meiner Arbeit mit einem Elektronikgroßhändler starrte der Geschäftsführer minutenlang auf eine Tabelle mit Umsatzzahlen, ohne den kritischen Abwärtstrend zu erkennen. Als wir dieselben Daten in ein einfaches Liniendiagramm umwandelten, war die Erkenntnis unmittelbar: "Ich sehe jetzt, dass der Rückgang bereits vor drei Monaten begann und nicht erst letzten Monat, wie ich dachte!"

Das menschliche Gehirn ist evolutionär darauf programmiert, visuelle Muster schneller zu erkennen als numerische. Diese kognitive Eigenheit können Sie nutzen, indem Sie strategisch ausgewählte Diagramme erstellen, die Ihre kritischen Finanzdaten zum Leben erwecken. Google Sheets bietet ein umfangreiches Arsenal an Visualisierungswerkzeugen, die ohne Programmierkenntnisse sofort einsetzbar sind.

Die Kunst der Diagrammgestaltung liegt in der Auswahl des passenden Diagrammtyps für Ihre spezifische Fragestellung. Ein Beratungsunternehmen hatte jahrelang Tortendiagramme für die Darstellung seiner Umsatzentwicklung verwendet, was die Interpretation erschwerte. Nach dem Wechsel zu einem Liniendiagramm mit einer klaren Trendlinie konnten Wachstumsmuster und saisonale Schwankungen sofort erkannt werden.

Für eine strukturierte Herangehensweise an aussagekräftige Diagramme empfehle ich diesen bewährten Prozess:

1. **Zielsetzung definieren**

   - Bestimmen Sie die zentrale Frage, die Ihr Diagramm beantworten soll
   - Identifizieren Sie die relevanten Kennzahlen für diese Frage
   - Legen Sie den zeitlichen Rahmen und die Granularität fest

2. **Daten vorbereiten**

   - Strukturieren Sie Ihre Daten in einem analysefreundlichen Format
   - Prüfen Sie auf Vollständigkeit und korrigieren Sie Ausreißer
   - Berechnen Sie ggf. zusätzliche abgeleitete Kennzahlen

3. **Diagrammtyp auswählen**

   - Wählen Sie basierend auf Ihrer Fragestellung den optimalen Visualisierungstyp
   - Berücksichtigen Sie die Anzahl der Dimensionen und Datenpunkte
   - Denken Sie an die Zielgruppe und deren Vertrautheit mit verschiedenen Diagrammtypen

4. **Diagramm erstellen und optimieren**

   - Implementieren Sie das Diagramm in Google Sheets
   - Passen Sie Farben, Beschriftungen und Formatierungen an
   - Fügen Sie Trendlinien oder Vergleichswerte hinzu

5. **Interpretation validieren**

   - Testen Sie, ob das Diagramm die intendierte Botschaft klar vermittelt
   - Holen Sie Feedback von anderen Beteiligten ein
   - Optimieren Sie basierend auf dem Feedback

Die Wahl des richtigen Diagrammtyps ist entscheidend für die Effektivität Ihrer Visualisierung. In meiner Praxis haben sich diese Diagrammtypen für finanzielle Analysen besonders bewährt:

- **Liniendiagramm**: Ideal für zeitliche Verläufe und Trends

  - Perfekt für monatliche Umsatzentwicklungen
  - Gut geeignet für den Vergleich von Ist- und Soll-Werten im Zeitverlauf
  - Ermöglicht das Erkennen saisonaler Muster
- **Säulendiagramm**: Hervorragend für kategorische Vergleiche

  - Optimal für den Vergleich von Umsätzen nach Produktkategorien
  - Effektiv für die Gegenüberstellung von Plan- und Ist-Zahlen
  - Gut geeignet für die Darstellung von Budgetverteilungen
- **Balkendiagramm**: Perfekt für Rankings und horizontale Vergleiche

  - Ideal für die Darstellung der profitabelsten Produkte oder Kunden
  - Praktisch für lange Kategorienamen, die horizontal besser lesbar sind
  - Gut für die Visualisierung von Abweichungsanalysen
- **Kombiniertes Säulen-Linien-Diagramm**: Mächtig für mehrdimensionale Vergleiche

  - Exzellent für die gleichzeitige Darstellung von Umsatz (Säulen) und Marge (Linie)
  - Nützlich für die Visualisierung von Volumen und prozentualen Anteilen
  - Effektiv für die Analyse von Zusammenhängen zwischen verschiedenen Kennzahlen

Die praktische Umsetzung in Google Sheets erfolgt mit wenigen Klicks. Für ein Liniendiagramm gehen Sie so vor:

1. Markieren Sie den Datenbereich inklusive Überschriften
2. Klicken Sie auf "Einfügen" > "Diagramm"
3. Wählen Sie in der Diagrammbearbeitung den Typ "Liniendiagramm"
4. Passen Sie unter "Anpassen" Design, Farben und Beschriftungen an

Ein entscheidender Aspekt überzeugender Diagramme ist ihre visuelle Klarheit. Ein Produktionsunternehmen präsentierte mir stolz ein Diagramm mit zehn verschiedenen Kennzahlen in unterschiedlichen Farben. Das Ergebnis war ein visuelles Chaos, das mehr verwirrte als erhellte. Nach der Reduzierung auf drei zentrale Kennzahlen mit einer konsistenten Farbcodierung wurde das Diagramm zu einem kraftvollen Entscheidungswerkzeug.

Die Kunst der effektiven Diagrammgestaltung folgt diesen Grundprinzipien:

- **Fokus auf das Wesentliche**: Beschränken Sie sich auf maximal 3-5 Datenserien pro Diagramm
- **Klare Beschriftungen**: Verwenden Sie aussagekräftige Titel und Achsenbeschriftungen
- **Konsistente Farbgebung**: Nutzen Sie ein durchgängiges Farbschema mit guter Kontrastierung
- **Sinnvolle Skalierung**: Wählen Sie Achsenskalierungen, die relevante Unterschiede sichtbar machen
- **Reduzierte Komplexität**: Vermeiden Sie unnötige Gitterlinien, 3D-Effekte oder Schatten

Die dynamische Verknüpfung von Diagrammen mit Ihren Daten schafft ein sich selbst aktualisierendes Visualisierungssystem. Ein Onlinehändler, den ich beriet, erstellte ein Dashboard mit fünf Kerndiagrammen, die automatisch mit der wöchentlichen Datenaktualisierung mitgezogen wurden. Diese Automation sparte nicht nur Zeit, sondern stellte auch sicher, dass immer die aktuellsten Daten visualisiert wurden.

Interaktive Filtermöglichkeiten erweitern den analytischen Wert Ihrer Diagramme. Mit Datenschnitt-Steuerelementen können Sie dynamische Filter einbauen:

1. Erstellen Sie zunächst Ihr Diagramm wie gewohnt
2. Klicken Sie auf "Daten" > "Datenschnitt erstellen"
3. Wählen Sie die Spalte, nach der gefiltert werden soll
4. Positionieren Sie das Steuerelement neben Ihrem Diagramm

Diese Filterung ermöglicht es, dasselbe Diagramm aus verschiedenen Perspektiven zu betrachten, z.B. nach Produktkategorien, Zeiträumen oder Kundengruppen.

Trendlinien verstärken die prognostische Kraft Ihrer Diagramme und machen latente Entwicklungen sichtbar. Ein Dienstleistungsunternehmen erkannte durch eine einfache lineare Trendlinie in seinem Umsatzdiagramm einen schleichenden Abwärtstrend, der in den monatlichen Schwankungen untergegangen wäre. Diese frühzeitige Erkennung ermöglichte rechtzeitige Gegenmaßnahmen.

So fügen Sie eine Trendlinie in Google Sheets hinzu:

1. Klicken Sie auf Ihr Diagramm, um es zu aktivieren
2. Wählen Sie im Diagrammbearbeitungsmenü den Reiter "Anpassen"
3. Klicken Sie auf die Datenserie, für die Sie eine Trendlinie wünschen
4. Aktivieren Sie die Option "Trendlinie" und wählen Sie den passenden Typ

Referenzlinien für Zielwerte oder Budgetgrenzen schaffen wichtige visuelle Ankerpunkte. Ein Produktionsbetrieb visualisierte nicht nur seine tatsächlichen Materialkosten, sondern ergänzte eine horizontale Referenzlinie für die geplante Kostenhöchstgrenze. Überschreitungen waren so unmittelbar erkennbar und führten zu schnellen Korrekturmaßnahmen.

Die Platzierung von Diagrammen in einem logischen Gesamtbild steigert deren Wirksamkeit erheblich. Ein Online-Händler arrangierte seine vier Kerndiagramme in einem 2x2-Grid mit klaren Überschriften und kurzen Erläuterungen. Diese strukturierte Darstellung ermöglichte einen schnellen Überblick über die Gesamtsituation des Unternehmens.

Die regelmäßige Überprüfung und Anpassung Ihrer Diagramme sichert deren langfristigen Wert. Ein Handelsunternehmen hatte seit Jahren dasselbe Set an Diagrammen verwendet, obwohl sich die Geschäftsschwerpunkte verschoben hatten. Nach einer Überprüfung ersetzten wir drei kaum noch relevante Visualisierungen durch neue, die besser auf die aktuellen strategischen Prioritäten ausgerichtet waren.

Die Integration von Meilensteinen oder wichtigen Ereignissen in Ihre Zeitreihendiagramme schafft wertvolle Kontextinformationen. Ein Dienstleistungsunternehmen markierte in seinem Umsatzdiagramm wichtige Ereignisse wie Produkteinführungen oder Preisänderungen. Diese Anmerkungen halfen, Ausschläge in den Daten direkt mit den auslösenden Ereignissen zu verknüpfen.

Der gezielte Einsatz von Datengruppierungen und kumulativen Diagrammen kann tiefere Einblicke ermöglichen. Ein Beratungsunternehmen erstellte sowohl ein Standard-Säulendiagramm für monatliche Umsätze als auch eine kumulative Version, die das Fortschreiten zum Jahresziel visualisierte. Diese doppelte Perspektive ermöglichte sowohl die detaillierte Monatsanalyse als auch den Blick auf die Gesamtentwicklung.

Die Macht gut gestalteter Diagramme liegt in ihrer Fähigkeit, Geschichten zu erzählen und Entscheidungen zu lenken. Sie transformieren abstrakte Zahlen in greifbare Muster und Trends, die unmittelbar verständlich sind. Mit den beschriebenen Techniken und Prinzipien können Sie Google Sheets zu einem kraftvollen Visualisierungswerkzeug für Ihre finanzielle Steuerung machen.

Im nächsten Abschnitt zeige ich Ihnen, wie Sie mit Pivot-Tabellen flexible Datenzusammenfassungen erstellen können, die Ihre Diagramme mit dynamischen Analysemöglichkeiten ergänzen und noch aussagekräftiger machen.

2.2.2 PIVOT-TABELLEN FÜR FLEXIBLE DATENZUSAMMENFASSUNGEN NUTZEN

Pivot-Tabellen gehören zu den unterschätztesten Powertools in Google Sheets. Ein Handelsunternehmen mit tausenden Transaktionen kam verzweifelt zu mir: "Wir ertrinken in Daten, aber finden keine Muster!" Nach einer 30-minütigen Einführung in Pivot-Tabellen hatte der Controlling-Leiter bereits entdeckt, dass 62% ihrer Gewinne aus nur zwei von zwölf Produktkategorien stammten. Diese Erkenntnis führte zu einer kompletten Neuausrichtung ihrer Vertriebsstrategie und einer Gewinnsteigerung von 28% im Folgequartal.

Die wahre Magie von Pivot-Tabellen liegt in ihrer Fähigkeit, große Datenmengen blitzschnell zu analysieren und flexible Zusammenfassungen aus verschiedenen Blickwinkeln zu erstellen. Im Gegensatz zu statischen Formeln können Sie mit wenigen Klicks Ihre Perspektive ändern und neue Einsichten gewinnen, ohne die zugrundeliegenden Daten zu verändern. Diese Dynamik macht Pivot-Tabellen zum idealen Werkzeug für explorative Finanzanalysen.

Die Grundidee einer Pivot-Tabelle besteht darin, Ihre Rohdaten zu gruppieren, zu summieren und nach verschiedenen Dimensionen zu organisieren. Stellen Sie sich vor, Sie haben hunderte oder tausende Einzeltransaktionen und möchten wissen: Wie verteilen sich Umsätze auf Produktkategorien und Monate? Welche Kundengruppe generiert den höchsten Deckungsbeitrag? Mit Pivot-Tabellen beantworten Sie solche Fragen in Sekundenschnelle.

Das Erstellen einer ersten Pivot-Tabelle in Google Sheets ist überraschend einfach:

1. **Daten vorbereiten**

   o Stellen Sie sicher, dass Ihre Daten Spaltenüberschriften haben

   o Vermeiden Sie leere Zeilen oder Spalten im Datenbereich

   o Strukturieren Sie Ihre Daten als "flache Tabelle" mit einer Transaktion pro Zeile

2. **Pivot-Tabelle erstellen**

   o Markieren Sie Ihren gesamten Datenbereich inklusive Überschriften

   o Klicken Sie auf "Daten" > "Pivot-Tabelle" in der Menüleiste

   o Wählen Sie "Neue Tabelle einfügen" und klicken Sie auf "Erstellen"

3. **Pivot-Tabelle konfigurieren**

   o Wählen Sie im rechten Menü unter "Zeilen" die Dimension, nach der Sie gruppieren möchten

- Fügen Sie unter "Werte" die zu summierenden Kennzahlen hinzu

- Ergänzen Sie optional unter "Spalten" eine zweite Gruppierungsdimension

- Nutzen Sie "Filter", um bestimmte Datensegmente zu fokussieren

Die Macht der mehrdimensionalen Analyse entfaltet sich besonders eindrucksvoll bei Budgetkontrollen. Ein Dienstleistungsunternehmen erstellte eine Pivot-Tabelle mit Monaten in den Zeilen, Kostenkategorien in den Spalten und Budget vs. Ist-Werten als Kennzahlen. Auf einen Blick wurden alle Kostenbereiche mit Budgetüberschreitungen sofort ersichtlich, farblich hervorgehoben durch bedingte Formatierung. Diese unmittelbare Transparenz führte zu zielgerichteten Kostensenkungsmaßnahmen genau in den kritischen Bereichen.

Die zeitliche Granularität lässt sich in Pivot-Tabellen dynamisch anpassen. Mit der Gruppierungsfunktion können Sie Datumswerte flexibel zusammenfassen:

1. Erstellen Sie eine Pivot-Tabelle mit einem Datumsfeld in den Zeilen

2. Rechtsklick auf eine Datumszelle > "Zeilen gruppieren..."

3. Wählen Sie die gewünschte Gruppierung (Tag, Woche, Monat, Quartal, Jahr)

Ein Online-Shop nutzte diese Funktion, um nahtlos zwischen täglichen, wöchentlichen und monatlichen Umsatzanalysen zu wechseln und entdeckte so ein wiederkehrendes Muster: Die stärksten Verkaufstage lagen stets am Monatsanfang, direkt nach

Gehaltseingang der Kunden. Diese Erkenntnis führte zu einer Anpassung der Marketingaktivitäten mit gezielten Kampagnen zu diesen Zeitpunkten.

Prozentuale Berechnungen innerhalb von Pivot-Tabellen erschließen eine neue Dimension der Analyse. Statt nur absolute Zahlen zu betrachten, können Sie Anteile am Gesamtergebnis darstellen:

1. Klicken Sie in der Pivot-Tabelle auf die Wertespalte

2. Wählen Sie im Optionsmenü unter "Zusammenfassen nach" zunächst "SUMME" oder eine andere Funktion

3. Aktivieren Sie unter "In Zeilen anzeigen" die Option "% der Gesamtsumme" oder eine andere prozentuale Darstellung

Ein Produktionsunternehmen wandte diese Technik an, um den prozentualen Anteil jeder Produktkategorie am Gesamtdeckungsbeitrag darzustellen. Das Ergebnis war überraschend: Eine Produktlinie, die nur 8% des Umsatzes generierte, trug 23% zum Gesamtdeckungsbeitrag bei. Diese Entdeckung führte zu einer strategischen Neuausrichtung mit verstärktem Fokus auf diese hochprofitable Nische.

Berechnete Felder erweitern die Analysemöglichkeiten von Pivot-Tabellen enorm. Ein Handelsunternehmen wollte nicht nur Umsätze und Kosten analysieren, sondern direkt den Deckungsbeitrag in seiner Pivot-Tabelle sehen. Die Lösung:

1. Klicken Sie in der Pivot-Tabelle auf "Berechnetes Feld hinzufügen"

2. Benennen Sie das Feld (z.B. "Deckungsbeitrag")

3. Geben Sie eine Formel ein (z.B. "Umsatz - Kosten")

4. Klicken Sie auf "Anwenden"

Mit diesem berechneten Feld konnte das Unternehmen direkt erkennen, welche Produktkombinationen den höchsten Deckungsbeitrag lieferten, ohne die Originaldaten verändern zu müssen.

Die systematische Exploration mit wechselnden Perspektiven führt oft zu unerwarteten Erkenntnissen. Ein bewährter Analyseansatz nutzt die Flexibilität von Pivot-Tabellen durch gezieltes "Drehen" der Perspektive:

- **Produktsicht**: Produkte in Zeilen, Monate in Spalten, Umsatz als Wert

- **Zeitliche Sicht**: Monate in Zeilen, Produkte in Spalten, Umsatz als Wert

- **Kundensicht**: Kundengruppen in Zeilen, Produkte in Spalten, Umsatz als Wert

- **Regionale Sicht**: Regionen in Zeilen, Monate in Spalten, Umsatz als Wert

Ein Dienstleistungsunternehmen durchlief diesen systematischen Rotationsprozess und entdeckte eine ungewöhnliche Korrelation: Bestimmte Kundengruppen zeigten identische saisonale Muster, obwohl sie aus völlig unterschiedlichen Branchen stammten. Diese Erkenntnis ermöglichte eine effizientere Ressourcenplanung durch Bündelung von Aktivitäten für diese Kundengruppen.

Die visuelle Erweiterung von Pivot-Tabellen durch integrierte Diagramme verstärkt die Aussagekraft Ihrer Analysen. Google

Sheets ermöglicht es, direkt aus Pivot-Tabellen Diagramme zu erstellen:

1. Klicken Sie in Ihre Pivot-Tabelle

2. Wählen Sie "Einfügen" > "Diagramm"

3. Google Sheets schlägt automatisch passende Diagrammtypen vor

4. Wählen Sie den geeigneten Typ und passen Sie das Design an

Ein Online-Händler kombinierte eine Pivot-Tabelle mit einem Säulendiagramm, um die Umsatzverteilung nach Produktkategorien und Monaten zu visualisieren. Diese Kombination machte nicht nur die Verteilung sichtbar, sondern auch die zeitliche Entwicklung der Kategorienanteile, was zu gezielteren Marketingmaßnahmen für schwächelnde Produktlinien führte.

Die Integration von Datenschnitt-Steuerelementen schafft interaktive Analysemöglichkeiten. Diese Filterelemente erlauben es, denselben Pivot-Bericht aus verschiedenen Blickwinkeln zu betrachten:

1. Klicken Sie auf "Daten" > "Datenschnitt erstellen"

2. Wählen Sie die Spalte, nach der gefiltert werden soll

3. Platzieren Sie das Steuerelement neben Ihrer Pivot-Tabelle

Ein Produktionsunternehmen implementierte Datenschnitt-Steuerelemente für Produktgruppen und Zeiträume. Dies ermöglichte der Geschäftsführung, in Echtzeit verschiedene

Szenarien zu explorieren und Trends zu erkennen, die in der Gesamtansicht verborgen geblieben wären.

Die Aktualisierungsautomatik von Pivot-Tabellen spart wertvolle Zeit. Sobald sich Ihre Quelldaten ändern, können Sie Ihre Pivot-Tabelle mit einem Klick aktualisieren:

1. Rechtsklick in die Pivot-Tabelle

2. Wählen Sie "Pivot-Tabelle aktualisieren"

Ein Handelsunternehmen implementierte eine wöchentliche Datenaktualisierung, nach der alle Pivot-Tabellen automatisch aktualisiert wurden. Dies reduzierte den Analyseaufwand erheblich und stellte sicher, dass Entscheidungen stets auf aktuellen Daten basierten.

Die kreative Kombination mehrerer Pivot-Tabellen eröffnet komplexere Analysemöglichkeiten. Ein Beratungsunternehmen erstellte drei verknüpfte Pivot-Tabellen:

- Eine für die Umsatzverteilung nach Kunden und Monaten

- Eine für die Kostenverteilung nach Projekten und Kostenarten

- Eine für die Arbeitsstundenverteilung nach Mitarbeitern und Projekten

Die gemeinsame Betrachtung dieser drei Perspektiven offenbarte Ineffizienzen in der Ressourcenallokation, die in isolierten Analysen verborgen geblieben wären.

Die Exportfunktion von Pivot-Tabellen vereinfacht die Kommunikation mit Stakeholdern. Mit wenigen Klicks können Sie aussagekräftige Berichte erstellen:

1. Klicken Sie auf die drei Punkte in der Ecke der Pivot-Tabelle

2. Wählen Sie "Herunterladen" > Format auswählen

Ein Finanzdienstleister nutzte diese Funktion, um wöchentliche Berichte für verschiedene Abteilungen zu generieren, die genau auf deren Informationsbedürfnisse zugeschnitten waren. Die ansprechende Aufbereitung der Daten führte zu einer deutlich höheren Akzeptanz und Nutzung der Berichte im Vergleich zu früheren Tabellenformaten.

Die Mustersuche in großen Datensätzen wird durch Pivot-Tabellen erheblich erleichtert. Ein Einzelhändler mit mehreren tausend Produkten suchte nach Korrelationen zwischen Produktmerkmalen und Profitabilität. Durch eine Pivot-Tabelle mit Produktmerkmalen in den Zeilen und Deckungsbeitragskategorien in den Spalten entdeckte er, dass Produkte bestimmter Hersteller systematisch unterdurchschnittliche Margen lieferten. Diese Erkenntnis führte zu Neuverhandlungen mit diesen Lieferanten.

Die praktische Anwendung der hier vorgestellten Pivot-Tabellen-Techniken hat einem meiner Kunden, einem mittelständischen Großhändler, geholfen, innerhalb eines Jahres seine Betriebskosten um 14% zu senken und gleichzeitig den Fokus auf die profitabelsten Produktlinien zu verstärken. Das Geheimnis lag in der systematischen Exploration seiner Daten aus verschiedenen Blickwinkeln, was vorher verborgene Zusammenhänge und Optimierungspotenziale offenlegte.

3. Tiefenanalyse starten: Versteckte Profit-Quellen und Kostenfresser identifizieren

Die wahre Magie intelligenter Finanzanalyse entfaltet sich, wenn wir über Grundlagenauswertungen hinausgehen und tiefer in die Datenschichten eintauchen. Ein Online-Händler kam mit einem interessanten Problem zu mir: "Claudia, unsere Gesamtmargen sehen gut aus, aber irgendwo verlieren wir Geld – ich spüre es, kann es aber nicht fassen." Nach einer tiefgehenden Analyse seiner Daten mit meiner DeepSeek-Methodik entdeckten wir, dass zwei seiner Top-5-Produkte bei Bestellungen über einen spezifischen Marktplatzkanal systematisch Verluste produzierten. Diese versteckte Profit-Leckage war in den aggregierten Zahlen völlig unsichtbar geblieben.

Solche verborgenen Profit-Muster und Kostenfresser lauern in fast jedem Unternehmen. Sie sind wie Eisberge – an der Oberfläche kaum sichtbar, doch unter Wasser können sie bedrohliche Ausmaße annehmen. Mit den richtigen Analysetechniken in Google Sheets können wir diese verborgenen Strukturen sichtbar machen und gezielt adressieren.

Die Fähigkeit, tiefgehende Analysen durchzuführen, unterscheidet finanziell erfolgreiche Unternehmen von solchen, die nur überleben. Ein Produktionsbetrieb, den ich beriet, operierte jahrelang mit einer Gewinnmarge von etwa 5%. Nach unserer DeepSeek-Tiefenanalyse entdeckte er, dass seine kleinvolumigen Spezialprojekte eine negative Marge von -15% aufwiesen, während seine Standardprojekte tatsächlich bei +12% lagen. Diese Erkenntnis führte zu einer strategischen Neuausrichtung und einer Verdopplung der Gesamtmarge binnen eines Jahres.

Viele Unternehmer scheuen vor tiefgehenden Analysen zurück, weil sie glauben, diese seien komplex und zeitaufwendig. Doch ich versichere Ihnen: Mit der richtigen Struktur und den passenden Tools in Google Sheets wird selbst eine detaillierte Tiefenanalyse zugänglich und praxistauglich. Meine DeepSeek-Methodik vereinfacht diesen Prozess durch systematische Ansätze, die selbst komplexe Zusammenhänge entschlüsseln können.

In diesem Kapitel entdecken wir gemeinsam, wie Sie:

- Ihre profitabelsten Kundensegmente punktgenau identifizieren
- Die tatsächliche Rentabilität jeder Dienstleistung oder Produktgruppe transparent machen
- Systematisch Ursachen für Budgetabweichungen aufdecken
- Indirekte Kosten und Gemeinkosten fair zuordnen und analysieren

Der Schlüssel zu einer erfolgreichen Tiefenanalyse liegt in der Fähigkeit, Daten aus verschiedenen Perspektiven zu betrachten und Verbindungen herzustellen, die auf den ersten Blick nicht offensichtlich sind. Ein Beratungsunternehmen kam verzweifelt zu mir: "Wir tracken alles, aber verstehen nichts." Das Problem lag nicht in der Datenmenge, sondern in der fehlenden Verknüpfung. Durch die Zusammenführung von Projektdaten, Zeiterfassung und Kundeninformationen in einer DeepSeek-Matrix konnten wir plötzlich erkennen, dass bestimmte Branchen systematisch profitabler waren als andere – eine Erkenntnis, die ihre Akquisestrategie grundlegend veränderte.

Die multidimensionale Betrachtung Ihrer Finanzdaten bildet das Herzstück jeder Tiefenanalyse. Statt nur eine Dimension zu betrachten (wie oft in Standardberichten üblich), kombinieren wir mehrere Faktoren, um verborgene Profitmuster zu entschlüsseln. Ein Handelsunternehmen analysierte seine Margen zunächst nur nach Produktkategorien. Als wir die Dimension "Vertriebskanal" hinzufügten, zeigte sich ein überraschendes Muster: Dieselben Produkte generierten je nach Vertriebsweg völlig unterschiedliche Margen.

Granulare Datenanalyse ermöglicht präzise Einblicke. Ein Einzelhändler wunderte sich über kontinuierlich sinkende Margen, obwohl die Verkaufszahlen stiegen. Die aggregierte Betrachtung verbarg eine entscheidende Entwicklung: Eine Verschiebung im Produktmix hin zu volumenstarken, aber margenschwachen Artikeln. Erst die detaillierte Analyse auf Einzelproduktebene brachte dieses Muster ans Licht und ermöglichte gezielte Gegenmaßnahmen.

Die systematische Zuordnung von Kosten spielt eine zentrale Rolle in der Tiefenanalyse. Viele Unternehmen ordnen ihre indirekten Kosten pauschal nach Umsatz zu, was zu verzerrten Profitabilitätsbildern führt. Ein Produktionsbetrieb verteilte seine Produktionsgemeinkosten lange nach Stückzahlen. Nach Einführung einer verursachungsgerechteren Zuordnung nach Maschinenzeit zeigte sich, dass kleine Spezialaufträge tatsächlich wesentlich ressourcenintensiver waren als angenommen.

Mustererkennungsmethoden bilden einen unverzichtbaren Teil der DeepSeek-Analysestrategie. Durch gezielte Filterungen, Sortierungen und Visualisierungen können wir Anomalien und Trends identifizieren, die in den Rohdaten verborgen bleiben. Ein Online-Dienstleister entdeckte durch eine Heatmap-Analyse, dass Projekte mit bestimmten Merkmalskombinationen systematisch profitabler waren – ein Muster, das ohne visuelle Analysemethoden unsichtbar geblieben wäre.

Der monetäre Wert präziser Tiefenanalysen kann kaum überschätzt werden. Ein mittelständisches IT-Unternehmen identifizierte durch eine DeepSeek-Analyse, dass ein spezifischer

Projekttyp durchschnittlich 40% mehr interne Ressourcen verbrauchte als kalkuliert. Die resultierende Anpassung der Angebotskalkulation für diese Projekte führte zu einer Margenverbesserung von 15 Prozentpunkten – bei einem Projektvolumen von 500.000 Euro ein Gewinnzuwachs von 75.000 Euro pro Jahr.

Die praktische Umsetzung einer Tiefenanalyse in Google Sheets folgt einem bewährten Muster:

1. **Datenintegration vorbereiten**

   - Relevante Datenquellen identifizieren (Umsätze, Kosten, Projektdaten, Zeiterfassung)
   - Konsistente Verknüpfungsschlüssel definieren (Kunden-IDs, Projektnummern)
   - Datenvalidität und -vollständigkeit sicherstellen

2. **Analysematrizen aufbauen**

   - Mehrdimensionale Auswertungsstrukturen erstellen
   - Relevante Dimensionen (Zeit, Kunde, Produkt, Region) kombinieren
   - Pivot-Tabellen für dynamische Auswertungen vorbereiten

3. **Rentabilitätsmetriken definieren**

   - Deckungsbeiträge auf verschiedenen Ebenen berechnen
   - Indirekte Kosten verursachungsgerecht zuordnen
   - Relative Kennzahlen für Vergleichbarkeit etablieren

4. **Muster systematisch identifizieren**

   - Ausreißer durch bedingte Formatierung visualisieren
   - Korrelationen zwischen verschiedenen Faktoren analysieren
   - Trends und zyklische Muster erkennen

Die Tools, die Google Sheets für Tiefenanalysen bietet, sind erstaunlich leistungsfähig. Viele meiner Kunden sind überrascht, wenn ich ihnen zeige, dass sie keine teure Business-Intelligence-Software benötigen, um professionelle Analysen durchzuführen. Mit Funktionen wie QUERY, FILTER, ARRAYFORMULA und Pivot-Tabellen lassen sich komplexe Auswertungen erstellen, die früher nur mit Spezialsoftware möglich waren.

Die Rentabilitäts-Matrix stellt ein zentrales Konzept in meiner DeepSeek-Methodik dar. Diese zweidimensionale Darstellung bringt Klarheit in die Profitabilität verschiedener Geschäftsbereiche. Ein Dienstleistungsunternehmen erstellte eine Matrix mit Kundengruppen in den Zeilen und Dienstleistungskategorien in den Spalten. Die Zellen enthielten die durchschnittlichen Deckungsbeiträge für jede Kombination. Auf einen Blick wurde sichtbar, welche Kunden-Dienstleistungs-Kombinationen besonders profitabel waren – eine Erkenntnis, die direkt in die Vertriebsstrategie einfloss.

Zeitliche Dynamiken in Ihren Finanzdaten zu erkennen, kann aufschlussreiche Einsichten liefern. Ein Einzelhändler bemerkte, dass bestimmte Produktkategorien in den Sommermonaten deutlich profitabler waren als im Winter. Diese saisonale Schwankung war in den Gesamtmargen untergegangen. Durch eine gezielte zeitliche Analyse konnten wir diese Muster identifizieren und eine saisonale Preisanpassungsstrategie entwickeln, die die Margen signifikant verbesserte.

Die verursachungsgerechte Kostenzuordnung stellt für viele Unternehmen eine Herausforderung dar. Ein Handwerksbetrieb verteilte seine Werkstattkosten pauschal nach Umsatz auf alle Aufträge. Als wir stattdessen die tatsächliche Werkstattnutzung als Verteilungsschlüssel implementierten, zeigte sich, dass einige vermeintlich profitable Auftragstypen tatsächlich grenzwertig oder sogar verlustbringend waren. Diese präzisere Zuordnung führte zu einer Neukalkulation und letztlich zu einer Gewinnsteigerung von 18%.

Die Verknüpfung qualitativer Faktoren mit quantitativen Daten eröffnet neue Analysedimensionen. Ein Beratungsunternehmen ergänzte seine Finanzdaten um Kundenzufriedenheitswerte. Die überraschende Erkenntnis: Die profitabelsten Projekte korrelierten mit den höchsten Zufriedenheitswerten. Dies widerlegte die interne Annahme, dass profitablere Projekte zwangsläufig zu Lasten der Kundenzufriedenheit gingen, und führte zu einer Neuausrichtung der Projektkalkulationsstrategie.

Das Aufdecken versteckter Zusammenhänge zwischen scheinbar unverbundenen Faktoren gehört zu den spannendsten Aspekten der Tiefenanalyse. Ein Produktionsbetrieb entdeckte durch systematische Korrelationsanalysen, dass Aufträge bestimmter Kundengruppen signifikant mehr Nacharbeit erforderten als andere. Dieser verborgene Kostentreiber war in der Standardkalkulation nicht berücksichtigt worden. Die Integration dieses Faktors in die Angebotskalkulation führte zu einer präziseren Preisgestaltung und höheren Margen.

Die Demokratisierung komplexer Analysen ist mir ein persönliches Anliegen. Ich erlebe oft, wie Unternehmer vor detaillierten Finanzanalysen zurückschrecken, weil sie glauben, dass diese nur mit spezialisiertem Fachwissen möglich seien. Doch mit den richtigen Vorlagen und strukturierten Analysepfaden können auch Nicht-Finanzexperten tiefgehende Einblicke gewinnen. Ein Handwerksbetrieb, den ich betreute, implementierte meine DeepSeek-Matrix und konnte innerhalb weniger Wochen selbständig Rentabilitätsanalysen durchführen, die zuvor undenkbar erschienen.

Der iterative Charakter von Tiefenanalysen darf nicht unterschätzt werden. Die ersten Erkenntnisse führen oft zu neuen Fragen, die wiederum weitere Analysen erfordern. Ein Online-Shop startete mit einer einfachen Produktrentabilitätsanalyse. Die dabei entdeckten Muster führten zu Fragen bezüglich der Kundenakquisitionskosten, was eine erweiterte Analyse notwendig machte. Dieser schichtweise Erkenntnisprozess führte letztlich zu einem nuancierten Verständnis der Geschäftsdynamik und gezielten Optimierungsmaßnahmen.

In den folgenden Abschnitten dieses Kapitels tauchen wir tiefer in spezifische Analysebereiche ein. Wir beginnen mit der Entschlüsselung der Rentabilitäts-Matrix, um Ihre profitabelsten Kundensegmente klar herauszuarbeiten und die Rentabilität pro Dienstleistung oder Produktgruppe präzise zu bestimmen. Anschließend wenden wir fortgeschrittene DeepSeek-Methoden an, um Ursachen für Budgetabweichungen systematisch aufzudecken und indirekte Kosten sowie Gemeinkosten fair zuzuordnen und zu analysieren.

Mein Ziel ist es, Ihnen nicht nur theoretisches Wissen zu vermitteln, sondern Sie zu befähigen, diese Analysen selbständig in Ihrem Unternehmen umzusetzen und greifbare finanzielle Vorteile zu erzielen. Die Zeit, die Sie in diese Tiefenanalysen investieren, wird sich vielfach auszahlen – durch präzisere Entscheidungen, gezieltere Ressourcenallokation und letztlich höhere Profitabilität.

3.1 DIE RENTABILITÄTS-MATRIX ENTSCHLÜSSELN: KUNDEN- UND PROJEKTPROFITABILITÄT ANALYSIEREN

3.1.1 PROFITABELSTE KUNDENSEGMENTE KLAR HERAUSARBEITEN

Wissen Sie, welche Ihrer Kunden tatsächlich zu Ihrem Gewinn beitragen und welche ihn heimlich schmälern? Diese Frage stellte ich einmal einem Softwareunternehmer, der stolz auf sein Wachstum war. Seine Antwort kam selbstbewusst: "Natürlich, alle unsere Enterprise-Kunden sind äußerst profitabel!" Eine systematische Analyse seiner Kundendaten mittels meiner Rentabilitäts-Matrix offenbarte ein völlig anderes Bild: Seine mittelgroßen Bestandskunden generierten signifikant höhere Margen als die prestigeträchtigen Großkunden, die durch intensive Betreuung und Sonderanforderungen überraschend unprofitabel waren.

Die Identifikation Ihrer profitabelsten Kundensegmente kann ein regelrechter Game-Changer für Ihr Unternehmen sein. Mit der Rentabilitäts-Matrix, die ich Ihnen in diesem Abschnitt vorstelle, können Sie präzise erkennen, welche Kundengruppen tatsächlich Ihren Gewinn treiben. Diese Erkenntnis bildet die Grundlage für strategische Entscheidungen von der Ressourcenallokation bis zur Preisgestaltung.

Google Sheets eignet sich hervorragend für diese Analyse, da Sie damit mehrdimensionale Datenverknüpfungen ohne komplizierte Softwaretools durchführen können. Ein Handelsunternehmen, das ich beriet, konnte durch die Implementierung dieser Methodik seine Vertriebsaktivitäten neu ausrichten und innerhalb eines Jahres die Profitabilität um 24% steigern – ohne einen einzigen neuen Kunden zu akquirieren.

Der Aufbau einer effektiven Kundenrentabilitäts-Matrix folgt einem bewährten Prozess:

1. **Datensammlung und -integration**

   - Identifizieren Sie alle relevanten Kundendaten (Umsätze, direkte Kosten, indirekte Kosten)
   - Sammeln Sie Informationen über servicerelevante Faktoren (Betreuungsaufwand, Supportanfragen)
   - Integrieren Sie Zahlungsverhalten und vertragliche Bedingungen

2. **Segmentierung entwickeln**

   - Erstellen Sie sinnvolle Kundenkategorien nach relevanten Kriterien
   - Definieren Sie messbare Merkmale für jedes Segment
   - Ordnen Sie jeden Kunden eindeutig einem Segment zu

3. **Deckungsbeitrag pro Kunde berechnen**

   - Ermitteln Sie den Nettoumsatz je Kunde
   - Ziehen Sie alle direkten, zuordenbaren Kosten ab
   - Berechnen Sie den resultierenden Deckungsbeitrag I

4. **Gemeinkosten verursachungsgerecht zuordnen**

   - Entwickeln Sie faire Verteilungsschlüssel für indirekte Kosten
   - Weisen Sie Gemeinkosten basierend auf tatsächlicher Inanspruchnahme zu
   - Berechnen Sie den finalen Kundendeckungsbeitrag nach Gemeinkostenzuordnung

Die richtige Kundensegmentierung bildet das Fundament jeder aussagekräftigen Rentabilitätsanalyse. Ein Dienstleistungsunternehmen segmentierte seine Kunden zunächst nur nach Umsatzgröße, was zu verzerrten Ergebnissen führte. Als wir die Segmentierung um Dimensionen wie Branche, Unternehmensgröße und Betreuungsintensität erweiterten, entstand ein wesentlich präziseres Bild der tatsächlichen Profitabilität.

Typische Segmentierungskriterien für eine aussagekräftige Kundenrentabilitätsanalyse umfassen:

- **Größenkategorien**: Einteilung nach Umsatzvolumen oder Auftragsgrößen
- **Demografische Merkmale**: B2B vs. B2C, Branche, Unternehmensgröße
- **Beziehungsintensität**: Neukunden, Bestandskunden, Langzeitkunden
- **Vertriebsweg**: Online, Direktvertrieb, Partner, Händler
- **Geographische Faktoren**: Regional, national, international
- **Kaufverhalten**: Kauffrequenz, durchschnittlicher Bestellwert, Produktspektrum

Die Implementierung in Google Sheets erfolgt über eine strukturierte Matrix. Eine Architektin, die ich beriet, erstellte ein Sheet mit Kunden in den Zeilen und verschiedenen Kennzahlen in den Spalten: Umsatz, direkte Kosten, Deckungsbeitrag I, indirekte Kosten, Deckungsbeitrag II und schließlich eine DB-Quote. Durch bedingte Formatierung wurden profitstarke Kunden grün und profitschwache rot markiert, was sofort visuelle Muster offenbarte.

Für eine dynamische Analyse empfehle ich die Verwendung von Pivot-Tabellen. So können Sie Ihre Kundendaten nach verschiedenen Segmentierungskriterien gruppieren und die durchschnittliche Profitabilität je Segment vergleichen:

1. Markieren Sie Ihren gesamten Datenbereich inklusive Überschriften
2. Wählen Sie "Daten" > "Pivot-Tabelle erstellen"
3. Ziehen Sie das Segmentierungskriterium in den Bereich "Zeilen"

4. Platzieren Sie "Deckungsbeitrag" im Bereich "Werte" und wählen Sie "DURCHSCHNITT"
5. Ergänzen Sie optional eine zweite Dimension im Bereich "Spalten"

Die korrekte Zuordnung von Gemeinkosten stellt eine besondere Herausforderung dar. Ein IT-Dienstleister verteilte seine Supportkosten pauschal nach Umsatz auf die Kunden, was zu einer verzerrten Profitabilitätswahrnehmung führte. Nach Einführung eines zeitbasierten Trackings zeigte sich, dass einige Kunden unverhältnismäßig viel Supportzeit beanspruchten. Die angepasste Kostenzuordnung offenbarte, dass einige vermeintlich "gute" Kunden tatsächlich defizitär waren.

Verursachungsgerechte Verteilungsschlüssel für typische Gemeinkosten umfassen:

- **Support- und Servicekosten**: Nach tatsächlich aufgewendeter Zeit oder Ticketanzahl
- **Vertriebskosten**: Nach Anzahl der Kundenkontakte oder Betreuungsaufwand
- **Logistikkosten**: Nach Anzahl der Lieferungen oder speziellen Versandanforderungen
- **Verwaltungskosten**: Nach Anzahl der Rechnungen oder Buchungsvorgänge
- **IT-Kosten**: Nach Nutzungsintensität oder benötigten Systemressourcen

Die Integration von Zeiterfassungsdaten erlaubt besonders präzise Analysen. Ein Beratungsunternehmen verknüpfte seine Projektdatenbank mit der Zeiterfassung seiner Berater. Das Ergebnis war eine Rentabilitäts-Matrix, die genau zeigte, welche Kunden überproportional viel Beraterzeit im Verhältnis zum generierten Umsatz beanspruchten. Diese Transparenz führte zu einer Anpassung der Preisstruktur für zeitintensive Kundengruppen.

Die Identifikation von Kundenlebenszykluseffekten offenbart wichtige Muster. Ein Subscription-basiertes Unternehmen entdeckte durch eine zeitbasierte Analyse, dass Kunden im ersten Jahr aufgrund hoher Onboarding-Kosten meist unprofitabel waren, ab dem zweiten Jahr jedoch hochprofitabel wurden. Diese Erkenntnis führte zu einem längerfristigen Blick auf die Kundenrentabilität und einer angepassten Akquisitionsstrategie.

Die Entdeckung verborgener Korrelationen kann überraschende Einblicke liefern. Ein Produktionsunternehmen fand durch Kreuzanalysen heraus, dass Kunden, die pünktlich zahlten, durchschnittlich 40% profitabler waren als solche mit regelmäßigen Zahlungsverzögerungen. Diese unerwartete Verbindung führte zu einem verstärkten Fokus auf Zahlungsbedingungen und proaktives Debitorenmanagement.

Die Verknüpfung von Kundenrentabilität mit qualitativen Faktoren eröffnet neue Dimensionen. Ein Handelsunternehmen ergänzte seine Rentabilitäts-Matrix um eine Spalte für "strategische Bedeutung" (z.B. Referenzkunde, Marktführer, Innovationstreiber). Diese kombinierte Betrachtung verhinderte vorschnelle Entscheidungen basierend auf reinen Zahlen und führte zu einem nuancierteren Kundenbewertungsmodell.

Die Visualisierung der Kundenprofitabilität verstärkt die Erkenntnisgewinnung. Ich empfehle die Erstellung einer Blasenkarte, bei der:

- Die X-Achse den Umsatz pro Kunde darstellt
- Die Y-Achse die Profitmarge zeigt
- Die Größe der Blasen das Gesamtvolumen repräsentiert
- Die Farbe das Kundensegment kennzeichnet

Diese visuelle Darstellung macht Muster sofort erkennbar und erleichtert strategische Diskussionen im Management erheblich.

Die regelmäßige Aktualisierung Ihrer Rentabilitäts-Matrix ist entscheidend. Ein Onlinehändler implementierte einen monatlichen Updateprozess für seine Kundenrentabilitätsanalyse, wodurch Veränderungen in der Profitstruktur frühzeitig erkannt wurden. Als ein zuvor profitables Kundensegment plötzlich Margenerosionen zeigte, konnte das Unternehmen sofort reagieren, statt erst am Jahresende mit Überraschungen konfrontiert zu werden.

Aus der Identifikation der profitabelsten Kundensegmente lassen sich direkt Handlungsfelder ableiten:

- **Ressourcenallokation:** Konzentration von Vertrieb und Service auf hochprofitable Segmente
- **Preisgestaltung:** Anpassung der Preismodelle für margenschwache Kunden
- **Produktentwicklung:** Fokussierung auf Bedürfnisse der rentabelsten Kundengruppen
- **Marketingausrichtung:** Gezielte Akquise von Kunden mit ähnlichem Profil wie bestehende Gewinnbringer
- **Kundenbindung:** Spezielle Maßnahmen zur Bindung besonders wertvoller Kunden

Die transparente Kommunikation der Ergebnisse im Unternehmen wirkt als Katalysator. Ein Maschinenbauunternehmen stellte die Rentabilitäts-Matrix dem gesamten Vertriebsteam vor, was zu einem Paradigmenwechsel führte: Statt reiner Umsatzfokussierung rückte die Kundenrentabilität ins Zentrum der Vertriebsstrategie. Das Ergebnis war ein signifikanter Anstieg der durchschnittlichen Marge bei gleichbleibendem Gesamtumsatz.

Die systematische Anwendung der hier vorgestellten Methodik zur Identifikation profitabler Kundensegmente hat einem meiner Kunden, einem mittelständischen IT-Dienstleister, geholfen, innerhalb eines Jahres seine Gesamtprofitabilität um 31% zu steigern. Der Schlüssel lag nicht in radikalen Änderungen, sondern in gezielten Anpassungen basierend auf präzisen Daten zu Kundensegmentprofitabilität.

Im nächsten Abschnitt zeige ich Ihnen, wie Sie die Rentabilitätsanalyse auf Ihre Produkte und Dienstleistungen anwenden können, um auch dort verborgene Profittreiber und Margenfresser zu identifizieren.

3.1.2 RENTABILITÄT PRO DIENSTLEISTUNG ODER PRODUKTGRUPPE BESTIMMEN

Nach der Analyse Ihrer Kundensegmente ist es entscheidend, den Blick auf Ihre Dienstleistungen oder Produktgruppen zu richten. Bei einem Möbelhersteller entdeckte ich ein faszinierendes Muster: Seine Standardmöbel erwirtschafteten eine solide Marge von 22%, während die vermeintlich exklusiven Sonderanfertigungen mit lediglich 8% zum Ergebnis beitrugen, obwohl sie im Verkauf doppelt so teuer waren. Diese Erkenntnis veränderte seine gesamte Produktstrategie und führte innerhalb eines Jahres zu einer Gewinnsteigerung von 34%.

Die Bestimmung der Rentabilität pro Dienstleistung oder Produktgruppe bildet das zweite zentrale Element der Rentabilitäts-Matrix. Während viele Unternehmer intuitiv zu wissen glauben, welche ihrer Angebote profitabel sind, zeigt die systematische Analyse mit Google Sheets oft überraschende Muster auf, die das Bauchgefühl widerlegen.

Google Sheets eignet sich hervorragend für diese detaillierte Produktrentabilitätsanalyse, da Sie mehrere Dimensionen gleichzeitig untersuchen können. Mit einer strukturierten Vorgehensweise entwickeln Sie ein präzises Verständnis Ihrer Produktperformance und können faktenbasierte Entscheidungen über Ihr Angebot treffen.

Der Prozess zur Bestimmung der Dienstleistungs- oder Produktrentabilität umfasst diese wesentlichen Schritte:

1. **Strukturierte Datenerfassung**

- Detaillierte Umsätze pro Produkt oder Dienstleistung sammeln
- Direkte Kosten jeder Angebotskategorie identifizieren und zuordnen
- Zeitaufwand pro Leistungseinheit erfassen (besonders wichtig bei Dienstleistungen)
- Lieferanten- und Materialkosten pro Produkteinheit dokumentieren

2. Produktgruppenstruktur entwickeln

- Sinnvolle Kategorisierung Ihres Angebots erstellen
- Hierarchische Struktur mit Haupt- und Untergruppen definieren
- Eindeutige Zuordnungskriterien für jedes Produkt festlegen

3. Direkte Kostenanalyse

- Materialkosten, Produktionskosten und direkte Arbeitszeit zuordnen
- Lieferkosten und produktspezifische Vertriebsaufwendungen erfassen
- Lizenzgebühren oder spezifische Technologiekosten berücksichtigen

4. Indirekte Kosten verursachungsgerecht verteilen

- Sinnvolle Verteilungsschlüssel für Gemeinkosten entwickeln
- Produktionsspezifische Overheadkosten zuordnen
- Entwicklungskosten auf Produktlebenszyklus verteilen

Die exakte Bestimmung der direkten Kosten bildet die Grundlage für aussagekräftige Produktrentabilitätsanalysen. Ein Online-Händler, den ich beriet, erfasste anfangs nur seine Einkaufspreise als Kosten. Als wir die Erfassung um Verpackungsmaterial, Versandkosten und anteilige Retourenkosten erweiterten, änderte sich das Rentabilitätsbild dramatisch.

Produkte mit hoher Retourenquote erwiesen sich trotz guter Bruttomargen als Verlustbringer.

Typische direkte Kosten, die Sie in Ihre Produktrentabilitätsanalyse einbeziehen sollten, umfassen:

- **Materialkosten:** Rohstoffe, Komponenten, Verpackung
- **Direkte Arbeitskosten:** Produktionszeit, Montage, Qualitätskontrolle
- **Spezifische Maschinenkosten:** Einrichtungszeiten, Laufzeiten, Werkzeugverschleiß
- **Produktspezifische Logistikkosten:** Lagerung, Handling, Versand
- **Direkte Vertriebskosten:** Provisionen, produktspezifisches Marketing

Die effektive Implementierung in Google Sheets erfolgt am besten über eine strukturierte Matrix. Ein Produktionsbetrieb erstellte unter meiner Anleitung eine Tabelle mit Produkten in den Zeilen und verschiedenen Kosten- sowie Erlöskategorien in den Spalten. Diese Matrix ermöglichte eine dynamische Berechnung von Deckungsbeiträgen und Margen pro Produktgruppe mit automatischen farblichen Hervorhebungen.

Für eine aussagekräftige Produktrentabilitätsanalyse in Google Sheets empfehle ich diesen Aufbau:

1. Erstellen Sie ein dediziertes Tabellenblatt mit der Bezeichnung "Produktrentabilität"
2. Richten Sie Spalten für Produktcode, Produktbezeichnung, Produktgruppe ein
3. Fügen Sie Spalten für Verkaufspreis, Absatzmenge und Gesamtumsatz hinzu
4. Ergänzen Sie detaillierte Kostenspalten für alle relevanten direkten Kosten
5. Berechnen Sie Spalten für DB I (nach variablen Kosten) und DB II (nach produktfixen Kosten)

6. Erstellen Sie relative Kennzahlen wie DB-Quote und Rentabilität pro Arbeitsstunde

Die verursachungsgerechte Zuordnung von indirekten Kosten stellt eine besondere Herausforderung dar. Ein Dienstleistungsunternehmen verteilte seine Gemeinkosten pauschal nach Umsatz auf alle Leistungen. Nach Einführung einer aktivitätsbasierten Kostenzurechnung zeigte sich, dass komplexe Beratungsprojekte unverhältnismäßig viel Koordinationsaufwand, Vor- und Nachbereitungszeit sowie interne Ressourcen beanspruchten. Diese präzisere Zuordnung offenbarte die tatsächliche Rentabilität jeder Dienstleistungsgruppe.

Sinnvolle Verteilungsschlüssel für indirekte Kosten bei der Produktanalyse sind:

- **Produktionsgemeinkosten**: Nach Maschinennutzungszeit oder Fertigungsstunden
- **Entwicklungskosten**: Nach Komplexität oder Innovationsgrad
- **Verwaltungskosten**: Nach Bearbeitungsaufwand oder Transaktionsanzahl
- **Marketingkosten**: Nach Werbefokus und Kampagnenzuordnung
- **IT-Kosten**: Nach Systemnutzung oder Datenvolumen

Die Integration von Zeiterfassungsdaten erhöht die Aussagekraft Ihrer Analyse erheblich. Ein Architekturbüro verknüpfte seine Projektdatenbank mit der detaillierten Zeiterfassung pro Leistungsphase. Das Ergebnis war ein präzises Bild der tatsächlichen Kosten pro Leistungsmodul, das zeigte, dass Ausführungsplanungen deutlich profitabler waren als Konzeptstudien, obwohl letztere höhere Stundensätze erzielten. Die Ursache lag im oft unterschätzten internen Abstimmungsaufwand bei kreativen Leistungen.

Die visuelle Darstellung der Produktrentabilität verstärkt die Erkenntnisgewinnung. Ich empfehle die Erstellung einer Portfolioanalyse in Form einer Blasenkarte:

1. X-Achse: Umsatzvolumen pro Produkt/Dienstleistung
2. Y-Achse: Rentabilität in Prozent (DB-Quote)
3. Blasengröße: Absoluter Deckungsbeitrag
4. Farbe: Produktkategorie oder -gruppe

Diese Visualisierung macht sofort ersichtlich, welche Produkte Ihre "Cash Cows" sind und welche "Problem-Kinder" näher untersucht werden sollten.

Die zeitliche Dimension der Produktrentabilität enthüllt wertvolle Trends. Ein Einzelhändler implementierte ein monatliches Tracking der Top-20-Produkte nach Deckungsbeitrag. Diese kontinuierliche Beobachtung zeigte, dass saisonale Schwankungen erheblichen Einfluss auf die Profitabilität hatten. Sommerprodukte generierten systematisch höhere Margen als Winterartikel, obwohl die Einkaufskonditionen vergleichbar waren. Diese Erkenntnis führte zu einer saisonalen Preisanpassungsstrategie.

Die Kombination von Kunden- und Produktrentabilität in einer Kreuzmatrix eröffnet völlig neue Erkenntnisdimensionen. Ein Großhändler erstellte eine Matrix mit Kundengruppen in den Zeilen und Produktkategorien in den Spalten. Die Zellen enthielten die durchschnittliche Marge dieser spezifischen Kombinationen. Diese Analyse offenbarte, dass bestimmte Produktgruppen bei spezifischen Kundensegmenten systematisch profitabler waren, was zu einer gezielten Vertriebssteuerung führte.

Der Break-Even-Punkt pro Produktgruppe liefert wichtige strategische Einblicke. Mit dieser einfachen Formel in Google Sheets:

=Fixkosten_Produkt/(Verkaufspreis-Variable_Kosten_pro_Einheit) berechnen Sie die Menge, die Sie verkaufen müssen, um die Kosten eines Produkts zu decken. Ein Produktionsbetrieb nutzte diese Analyse, um Mindestlosgrößen für verschiedene Produktvarianten festzulegen und unprofitable Kleinaufträge zu identifizieren.

Die Analyse der Mehrproduktfertigung deckt versteckte Kostentreiber auf. Ein Möbelhersteller entdeckte durch systematische Analyse, dass Produkte mit vielen Farbvarianten trotz identischer Kalkulationsgrundlage deutlich geringere Margen erzielten als Produkte mit begrenzter Farbauswahl. Die Ursache lag in nicht erfassten Rüstzeiten, erhöhtem Koordinationsaufwand und kleineren Bestellmengen bei Zulieferteilen. Die Reduzierung der Farbvarianten bei gleichzeitiger Preisanpassung für Sonderfarben führte zu einer signifikanten Margensteigerung.

Die Einbeziehung von produktspezifischen Qualitätskosten vervollständigt das Rentabilitätsbild. Ein Elektronikproduzent ergänzte seine Produktanalyse um Gewährleistungskosten, Reparaturaufwand und Kundensupportzeiten pro Produktlinie. Diese erweiterte Betrachtung zeigte, dass ein scheinbar hochprofitables Premiumprodukt durch überdurchschnittlich hohe Nachbetreuungskosten tatsächlich nur durchschnittlich rentabel war.

Die Lebenszyklusbetrachtung von Produkten eröffnet eine langfristige Perspektive. Ein Softwareunternehmen analysierte die Rentabilität seiner Produkte über deren gesamten Lebenszyklus, von der Entwicklung über die Markteinführung bis zur Reife- und Abschwungphase. Diese Analyse zeigte, dass die Gesamtrentabilität stark von der Länge der Reifephase abhing und Produkte mit hohen initialen Entwicklungskosten mindestens vier Jahre am Markt bleiben mussten, um profitabel zu sein.

Die systematische Anwendung der hier vorgestellten Methodik zur Bestimmung der Produkt- und Dienstleistungsrentabilität hat einem meiner Kunden, einem mittelständischen Fertigungsbetrieb, geholfen, innerhalb eines Jahres seine durchschnittliche

Produktmarge um 7 Prozentpunkte zu steigern. Diese Verbesserung resultierte aus gezielten Anpassungen bei Preisgestaltung, Produktkonfiguration und Fertigungsprozessen, die ohne die präzise Rentabilitätsanalyse nicht erkannt worden wären.

Im nächsten Abschnitt zeige ich Ihnen, wie Sie mit fortgeschrittenen DeepSeek-Methoden systematisch Ursachen für Budgetabweichungen aufdecken können, um Ihre Planung zu präzisieren und negative Überraschungen zu vermeiden.

3.2 Intelligente Mustererkennung nutzen: DeepSeek-Methoden zur Analyse anwenden

3.2.1 Ursachen für Budgetabweichungen systematisch aufdecken

Budgetabweichungen verursachen in vielen Unternehmen Frustration und Ratlosigkeit. "Wir planen sorgfältig, aber am Ende stimmen die Zahlen trotzdem nicht" - diese Klage höre ich regelmäßig von Finanzverantwortlichen. Bei einem Möbelhersteller entdeckte ich eine interessante Dynamik: Seine Materialkosten überschritten regelmäßig das Budget um 12-15%, obwohl die Einkaufspreise stabil blieben. Durch meine systematische DeepSeek-Analyse offenbarte sich die wahre Ursache: Materialverschnitt, der in der Kalkulation nicht berücksichtigt wurde. Nach Anpassung der Planungsgrundlage sanken die Abweichungen auf unter 3%.

Die oberflächliche Feststellung "Budget verfehlt" bildet lediglich den Ausgangspunkt einer tieferen Untersuchung. Mit meinen DeepSeek-Methoden dringen Sie zu den Wurzelursachen vor und transformieren Budgetabweichungen von lästigen Überraschungen zu wertvollen Erkenntnisquellen für Ihr Unternehmen.

Google Sheets eignet sich hervorragend für diese forensische Finanzanalyse. Ein Elektronikgroßhändler kam zu mir mit massiven Abweichungen im Vertriebsbudget. Sein teures ERP-System lieferte zwar präzise Zahlen, aber keine Erklärungen. Mit einer maßgeschneiderten DeepSeek-Matrix in Google Sheets analysierten wir seine Vertriebsdaten multidimensional. Das überraschende Muster: Bei bestimmten Produktkategorien entstanden systematisch höhere Vertriebskosten, wenn sie von Großkunden angefragt wurden – ein Zusammenhang, der in den Standardberichten völlig unterging.

Die systematische Aufdeckung von Budgetabweichungsursachen folgt in meiner Methodik einem klaren Prozess:

1. **Strukturierte Differenzanalyse etablieren**

   - Erstellen Sie eine Matrix mit Plan- und Ist-Werten für alle Budgetpositionen
   - Berechnen Sie absolute und prozentuale Abweichungen für jede Position
   - Identifizieren Sie signifikante Abweichungen durch Schwellenwerte

2. **Abweichungsmuster identifizieren**

   - Analysieren Sie zeitliche Muster (saisonal, wöchentlich, monatlich)
   - Untersuchen Sie kategoriale Muster (Produktgruppen, Kostenstellen)
   - Prüfen Sie verantwortungsbezogene Muster (Teams, Abteilungen)

3. **Korrelationen aufdecken**

   - Vergleichen Sie Abweichungsmuster mit anderen Geschäftsdaten
   - Prüfen Sie externe Einflussfaktoren (Marktbedingungen, Konkurrenz)
   - Untersuchen Sie interne Zusammenhänge (Prozessänderungen, Personalwechsel)

4. **Ursachen kategorisieren**

   - Unterscheiden Sie systematische von zufälligen Abweichungen
   - Trennen Sie einmalige von wiederkehrenden Faktoren
   - Klassifizieren Sie nach Beeinflussbarkeit und Verantwortlichkeit

5. **Maßnahmen ableiten**

- Entwickeln Sie gezielte Lösungen für systematische Ursachen
- Passen Sie Budgetierungsmethoden für wiederkehrende Probleme an
- Etablieren Sie Frühwarnindikatoren für kritische Abweichungsfaktoren

Die Einrichtung einer intelligenten Abweichungsanalyse in Google Sheets beginnt mit der richtigen Datenstruktur. Ein IT-Dienstleister, den ich betreute, erstellte ein dreistufiges System:

- **Ebene 1**: Monatliche Plan-Ist-Vergleiche mit automatischer Berechnung absoluter und relativer Abweichungen
- **Ebene 2**: Detailansicht pro Kostenstelle mit verantwortlichen Personen und Kommentarfeldern
- **Ebene 3**: Historische Trendanalyse der Abweichungen über 24 Monate mit Trendlinien

Diese Struktur ermöglichte sowohl schnelle Übersichten als auch tiefgehende Analysen bei Bedarf.

Die Pareto-Analyse offenbart die kritischen Abweichungspositionen. Mit einer einfachen SORTIEREN-Funktion in Google Sheets können Sie Abweichungen nach ihrer Größe ordnen:

=SORTIEREN(A2:D50;3;FALSCH)

Ein Produktionsbetrieb erstellte durch diese Sortierung eine klare Prioritätenliste seiner Abweichungen und konzentrierte seine Analyse auf die Top-5-Positionen, die zusammen 78% der gesamten Abweichungssumme ausmachten. Diese Fokussierung sparte wertvolle Zeit und maximierte die Wirkung der Korrekturmaßnahmen.

Die Zeitreihenanalyse enthüllt verborgene Rhythmen in Budgetabweichungen. Ein Handelsunternehmen visualisierte seine Kostenabweichungen über 24 Monate und entdeckte ein überraschendes Muster: Die Abweichungen stiegen jeweils im letzten Monat eines Quartals drastisch an. Die Ursachenanalyse offenbarte, dass Lieferanten regelmäßig Quartalsrabatte gewährten, die zu verspäteten Bestellungen führten. Die Einführung eines optimierten Bestellzyklus löste das Problem nachhaltig.

Die multidimensionale Pivot-Analyse bildet das Herzstück der DeepSeek-Methodik. Ein Gastronomiebetrieb erstellte eine Pivot-Tabelle mit folgenden Dimensionen:

1. Zeilen: Kostenkategorien
2. Spalten: Monate
3. Werte: Prozentuale Abweichungen
4. Filter: Verantwortliche Manager

Diese dynamische Ansicht ermöglichte es, blitzschnell zwischen verschiedenen Perspektiven zu wechseln und Zusammenhänge zu erkennen, die in statischen Berichten verborgen blieben.

Die WENN-DANN-Analyse kategorisiert Abweichungen automatisch. Ein Online-Shop implementierte diese WENN-Funktion zur automatischen Ursachenzuordnung:

=WENN(UND(D2>10%;F2<>0);"Preisanstieg";WENN(UND(D2>10%;G2>0);"Mengensteigerung";"Andere Faktoren"))

Diese Automatisierung schuf eine erste Orientierung und sparte wertvolle Analysezeit für den Finanzleiter.

Die Root-Cause-Analysis (Ursache-Wirkungs-Analyse) dringt zu den Kernproblemen vor. Ein Beratungsunternehmen implementierte auf meinen Vorschlag hin ein "5-Why"-System direkt in Google Sheets:

1. Spalte A: Beobachtete Abweichung
2. Spalte B: Warum? (erste Ebene)
3. Spalte C: Warum? (zweite Ebene)

4. Spalte D: Warum? (dritte Ebene)
5. Spalte E: Warum? (vierte Ebene)
6. Spalte F: Grundursache (fünfte Ebene)

Dieses strukturierte Hinterfragen führte das Unternehmen von oberflächlichen Symptomen zu den tatsächlichen Ursachen und ermöglichte nachhaltige Lösungen statt kurzfristiger Symptombekämpfung.

Die Korrelationsanalyse deckt versteckte Zusammenhänge auf. Mit der KORREL-Funktion in Google Sheets können Sie statistische Verbindungen zwischen Abweichungen und potenziellen Einflussfaktoren ermitteln:

=KORREL(B2:B50;C2:C50)

Ein Produktionsbetrieb entdeckte durch diese Analyse eine starke Korrelation (0,87) zwischen Materialkosten-Abweichungen und Personalfluktuation in der Logistik – ein zunächst überraschender Zusammenhang. Die tiefere Untersuchung zeigte: Neue Mitarbeiter verursachten durch mangelnde Erfahrung höhere Materialverluste bei der Kommissionierung.

Die Heatmap-Visualisierung macht Abweichungsmuster sofort sichtbar. Mit bedingter Formatierung in Google Sheets können Sie eine farbliche Darstellung erstellen:

1. Markieren Sie den Abweichungsbereich
2. Wählen Sie "Format" > "Bedingte Formatierung"
3. Erstellen Sie eine Farbskala (rot für negative, grün für positive Abweichungen)

Ein Einzelhändler, der diese Visualisierung implementierte, erkannte sofort, dass seine Personalkosten in bestimmten Filialen systematisch vom Budget abwichen. Die farbliche Musterdarstellung machte den Handlungsbedarf auf einen Blick ersichtlich.

Die kategoriale Ursachenklassifikation schafft Struktur und Vergleichbarkeit. Meine DeepSeek-Methodik verwendet diese Hauptkategorien für Budgetabweichungen:

- **Planungsfehler**: Unrealistische Annahmen, veraltete Basisdaten, methodische Mängel
- **Ausführungsprobleme**: Ineffizienzen, Prozessmängel, Kompetenzdefizite
- **Externe Faktoren**: Marktveränderungen, Lieferantenprobleme, regulatorische Änderungen
- **Interne Strukturprobleme**: Organisatorische Defizite, Kommunikationslücken, Systemprobleme
- **Sonderfaktoren**: Einmalige Ereignisse, nicht-repetitive Umstände

Durch diese konsistente Kategorisierung werden langfristige Vergleiche und Trends in den Abweichungsursachen möglich.

Die Implementierung eines kontinuierlichen Verbesserungsprozesses bildet den Abschluss der Analyse. Ein Fertigungsbetrieb etablierte auf meine Empfehlung diesen monatlichen Zyklus:

1. Systematische Analyse aller signifikanten Abweichungen nach dem DeepSeek-Modell
2. Dokumentation der identifizierten Grundursachen
3. Entwicklung und Umsetzung zielgerichteter Gegenmaßnahmen
4. Nachverfolgung der Wirksamkeit im Folgemonat
5. Anpassung der Planungsgrundlagen bei systematischen Fehlern

Dieser strukturierte Kreislauf führte innerhalb eines Jahres zu einer Verbesserung der Budgetgenauigkeit von ±15% auf beeindruckende ±4%.

Die Einrichtung eines Frühwarnsystems für Budgetabweichungen verhindert böse Überraschungen. Ein Dienstleistungsunternehmen implementierte ein automatisches Alert-System mit der WENN-Funktion:

=WENN(UND(HEUTE()0,08);"WARNUNG: Bereits über 8% Abweichung in der Monatsmitte";"")

Diese proaktive Benachrichtigung ermöglichte frühzeitige Interventionen, lange bevor die Abweichungen kritisch wurden.

Die Cross-Impact-Analyse untersucht Wechselwirkungen zwischen verschiedenen Budgetpositionen. Ein Online-Shop entdeckte durch eine Matrix-Darstellung, dass Einsparungen im Marketingbudget systematisch zu Umsatzrückgängen im Folgemonat führten – mit einer Nettoauswirkung, die die kurzfristigen Kosteneinsparungen bei weitem überstieg. Diese ganzheitliche Sichtweise verhinderte kontraproduktive Sparmaßnahmen.

Die praktische Anwendung der hier vorgestellten DeepSeek-Methoden zur systematischen Aufdeckung von Budgetabweichungsursachen hat einem meiner Kunden, einem mittelständischen IT-Dienstleister, geholfen, seine Budgetgenauigkeit drastisch zu verbessern und gleichzeitig wertvolle Einblicke in verborgene Ineffizienzen zu gewinnen. Diese Erkenntnisse bildeten die Grundlage für gezielte Verbesserungsmaßnahmen, die innerhalb eines Jahres zu einer Steigerung der Gesamt-EBIT-Marge um 2,7 Prozentpunkte führten.

Im nächsten Abschnitt zeige ich Ihnen, wie Sie die DeepSeek-Methodik auf die oft vernachlässigte Analyse indirekter Kosten und Gemeinkosten anwenden können – ein Bereich, in dem erhebliche versteckte Gewinnpotenziale schlummern.

3.2.2 Indirekte Kosten und Gemeinkosten fair zuordnen und analysieren

Die transparente Zuordnung indirekter Kosten stellt für viele meiner Kunden eine echte Herausforderung dar. Ein typisches Szenario erlebte ich bei einem Maschinenbauunternehmen, das seine Gemeinkosten pauschal nach Umsatz auf alle Projekte verteilte. "Unsere Großprojekte tragen die kleinen mit", erklärte mir der Geschäftsführer selbstbewusst. Die DeepSeek-Analyse offenbarte jedoch ein völlig anderes Bild: Die kleineren Aufträge verursachten unverhältnismäßig hohen Verwaltungsaufwand, während die Großprojekte effizienter abgewickelt wurden. Die korrekte Kostenzuordnung führte zu einer Preisanpassung bei Kleinaufträgen und steigerte die Gesamtmarge innerhalb eines Jahres um beeindruckende 17%.

Indirekte Kosten und Gemeinkosten bilden in vielen Unternehmen eine Art "schwarze Box" – man weiß, dass sie existieren, aber ihre Verteilung auf Produkte, Dienstleistungen oder Kunden bleibt oft nebulös. Diese Unklarheit führt zu verzerrten Profitabilitätsbildern und letztlich zu Fehlentscheidungen. Google Sheets bietet in Verbindung mit meiner DeepSeek-Methodik leistungsstarke Werkzeuge, um diese Kostenblöcke fair und verursachungsgerecht zuzuordnen.

Die Kunst der verursachungsgerechten Gemeinkostenzuordnung besteht darin, aussagekräftige Verteilungsschlüssel zu definieren. Pauschale Zuweisungen nach Umsatz oder Mitarbeiterzahl verschleiern oft die wahren Kostentreiber. Ein Einzelhändler, den ich beriet, verteilte seine Logistikkosten ausschließlich nach Umsatz, bis wir gemeinsam entdeckten, dass kleine, aber häufige Bestellungen unverhältnismäßig viel Handling-Aufwand verursachten. Die Entwicklung eines kombinierten Verteilungsschlüssels aus Bestellhäufigkeit und Volumen schuf ein realistischeres Bild der tatsächlichen Profitabilität pro Kunde.

Die mehrstufige Kostenzuordnung bildet das Herzstück meiner DeepSeek-Methode für indirekte Kosten. Sie folgt diesem strukturierten Prozess:

1. **Gemeinkostenblöcke identifizieren und gruppieren**

- Verwaltungskosten (Personal, Miete, IT, Beratung)
- Vertriebsgemeinkosten (Marketing, Messeauftritte, CRM)
- Produktionsgemeinkosten (Instandhaltung, Qualitätssicherung)
- Logistik- und Lagerkosten (Raumkosten, Handling, Transport)
- Entwicklungs- und Innovationskosten (F&E, Produktentwicklung)

2. **Kostentreiber je Kostenblock definieren**

- Identifikation der tatsächlichen Verursachungsfaktoren
- Quantifizierung der Kostentreiber-Beziehungen
- Entwicklung messbarer Verteilungsschlüssel

3. **Verteilungsmodell in Google Sheets erstellen**

- Matrix mit Kostenblöcken und Bezugsobjekten aufbauen
- Berechnungslogik für Kostenzuordnung implementieren
- Sensitivitätsanalysen für verschiedene Szenarien vorbereiten

4. **Zuordnungsergebnisse validieren**

- Plausibilitätsprüfung durch Extremwertbetrachtung
- Vergleich mit Benchmark-Daten oder Erfahrungswerten
- Feinjustierung des Modells basierend auf Feedback

Die Implementierung in Google Sheets erfolgt über eine mehrdimensionale Matrix. Ein Dienstleistungsunternehmen, das ich betreute, erstellte ein Sheet mit Gemeinkosten in den Zeilen und Kostentreibern in den Spalten. Jeder Kostenblock wurde prozentual auf verschiedene Kostentreiber aufgeteilt. Eine zweite Matrix verknüpfte dann die Kostentreiber mit den eigentlichen Bezugsobjekten (Kunden, Produkte, Projekte). Diese transparente Struktur ermöglichte erstmals eine nachvollziehbare und faire Zuordnung der Gemeinkosten.

Die kostentreiberbasierte Zuordnung erfordert eine präzise Definition relevanter Treiber. Für verschiedene Kostenarten haben sich in meiner Praxis folgende Verteilungsschlüssel bewährt:

- **Verwaltungskosten**: Anzahl der Buchungsvorgänge, Dokumentenvolumen, Bearbeitungszeit
- **IT-Kosten**: Anzahl der Arbeitsplätze, Speichervolumen, Support-Anfragen
- **Logistikkosten**: Transportvolumen, Versandvorgänge, Lagerplatznutzung
- **Marketingkosten**: Zielgruppenüberschneidung, Werbebudgetanteil, Lead-Zuordnung
- **Qualitätskosten**: Prüfungshäufigkeit, Fehlerquoten, Komplexitätsgrad

Die Aktivitätsbasierte Kostenrechnung (Activity-Based Costing) bildet einen besonders präzisen Ansatz. Ein Produktionsbetrieb, mit dem ich zusammenarbeitete, definierte für jeden Gemeinkostenblock spezifische Aktivitäten und erfasste deren Inanspruchnahme durch verschiedene Produkte. In Google Sheets erstellten wir eine Aktivitätenmatrix mit folgender Struktur:

1. Spalte A: Gemeinkostenart (z.B. "Materialwirtschaft")
2. Spalte B: Aktivität (z.B. "Bestellung anlegen")
3. Spalte C: Kostensatz pro Aktivitätseinheit (z.B. "35€ pro Bestellung")

4. Spalten D-Z: Inanspruchnahme durch verschiedene Produkte/Kunden

Diese detaillierte Zuordnung offenbarte, dass besonders kundenspezifische Sonderanfertigungen überproportional viele Aktivitäten auslösten und dadurch deutlich weniger profitabel waren als ursprünglich angenommen.

Die Gemeinkostenzuordnung nach Zeitaufwand liefert oft überraschende Einblicke. Ein Beratungsunternehmen implementierte auf meine Empfehlung ein einfaches Zeiterfassungssystem, das auch interne Tätigkeiten erfasste. Das Ergebnis war ernüchternd: Bestimmte Kundengruppen verursachten systematisch doppelt so viel internen Abstimmungsaufwand wie andere, was in der ursprünglichen Kalkulation nicht berücksichtigt wurde. Die angepasste Zuordnung führte zu einer preislichen Neubewertung dieser Kundengruppe.

Die visuelle Darstellung der Gemeinkostenverteilung verstärkt die Aussagekraft Ihrer Analyse enorm. Ich empfehle diese Visualisierungsformen:

- **Sankey-Diagramme**: Zeigen den Fluss der Gemeinkosten zu Kostentreibern und weiter zu Bezugsobjekten
- **Heatmaps**: Visualisieren die Gemeinkostenintensität verschiedener Produkt/Kunden-Kombinationen
- **Treemap-Diagramme**: Stellen die relative Größe verschiedener Kostenblöcke anschaulich dar
- **Scatterplots**: Identifizieren Zusammenhänge zwischen Kostentreibern und Bezugsobjekten

Ein Online-Händler nutzte eine farblich codierte Heatmap, um auf einen Blick zu erkennen, welche Produktkategorien überproportional viele Gemeinkosten banden. Diese visuelle Erkenntnis löste eine strategische Neubewertung des Produktportfolios aus.

Die Sensitivitätsanalyse für verschiedene Zuordnungsmodelle schafft Sicherheit in Ihren Entscheidungen. Ein produzierendes Unternehmen testete drei verschiedene Kostenverteilungsansätze in Google Sheets:

1. Pauschale Umsatzverteilung (traditioneller Ansatz)
2. Maschinenzeit-basierte Verteilung (prozessorientierter Ansatz)
3. Aktivitätsbasierte Verteilung (detaillierter ABC-Ansatz)

Die Gegenüberstellung der Ergebnisse zeigte signifikante Unterschiede in der Profitabilitätsbeurteilung einzelner Produkte. Diese transparente Vergleichsanalyse bildete die Basis für ein neues, hybrid gewichtetes Zuordnungsmodell, das die Realität besser abbildete als die vorherigen Einzelansätze.

Die dynamische Aktualisierung Ihrer Gemeinkostenschlüssel ist entscheidend für langfristige Genauigkeit. Ein Handelsunternehmen implementierte ein vierteljährliches Review seiner Verteilungsschlüssel:

1. Quartalsweise Erfassung der tatsächlichen Gemeinkostenzuordnung
2. Vergleich mit den prognostizierten Werten
3. Analyse der Abweichungen und Identifikation von Anpassungsbedarfen
4. Aktualisierung der Verteilungsschlüssel für das kommende Quartal

Dieser regelmäßige Zyklus verhinderte das "Einschleichen" von Verzerrungen und stellte sicher, dass die Kostenwahrheit kontinuierlich gewahrt blieb.

Die Integration der Liquiditätsdimension erweitert die klassische Gemeinkostenbetrachtung. Ein Dienstleistungsunternehmen ergänzte seine Kostenmatrix um eine Zeitkomponente, die zeigte, wann bestimmte Gemeinkosten tatsächlich liquiditätswirksam wurden. Diese erweiterte Perspektive half nicht nur bei der

Profitabilitätsanalyse, sondern auch bei der Liquiditätsplanung und führte zu einer ausgewogeneren Auslastungsplanung über das Geschäftsjahr.

Die Kapazitätsauslastung als Zuordnungskriterium ist besonders für Unternehmen mit fixen Ressourcen relevant. Ein Handwerksbetrieb verteilte seine Werkstattkosten zunächst pauschal auf alle Aufträge. Die Einführung eines kapazitätsbasierten Zuordnungsmodells in Google Sheets berücksichtigte die tatsächliche Werkstattnutzung und offenbarte, dass bestimmte Auftragstypen die knappen Ressourcen ineffizient nutzten. Die daraus abgeleitete Priorisierungsstrategie führte zu einer Steigerung des Werkstattdurchsatzes um 23%.

Die mehrstufige Deckungsbeitragsrechnung wird durch präzise Gemeinkostenzuordnung erst wirklich aussagekräftig. Ein Produktionsunternehmen implementierte dieses vierstufige System:

- **DB I**: Nach Abzug der direkt zurechenbaren variablen Kosten
- **DB II**: Nach Abzug produktspezifischer Fixkosten
- **DB III**: Nach Abzug verursachungsgerecht zugeordneter Gemeinkosten
- **DB IV**: Nach Abzug nicht zuordenbarer Strukturkosten

Diese differenzierte Betrachtung ermöglichte eine nuancierte Entscheidungsfindung: Während für kurzfristige Kapazitätsauslastung der DB I entscheidend war, bildete der DB III die Grundlage für strategische Sortimentsentscheidungen.

Die praktische Anwendung der hier vorgestellten Methoden zur fairen Zuordnung und Analyse indirekter Kosten hat einem meiner Kunden, einem mittelständischen Fertigungsbetrieb, geholfen, versteckte Profitabilitätsunterschiede aufzudecken, die zuvor durch pauschale Umlageschlüssel maskiert waren. Die daraus abgeleitete Neupositionierung bestimmter Produktlinien und die

Anpassung der Preispolitik führten zu einer Steigerung der Gesamtmarge um 4,5 Prozentpunkte innerhalb von neun Monaten.

Im nächsten Kapitel werden wir uns damit beschäftigen, wie Sie aus all diesen Analysen konkrete Handlungsfelder ableiten können. Wir betrachten, wie Sie Ihre datengestützten Erkenntnisse in gezielte Strategien zur Profitmaximierung übersetzen können, beginnend mit der Justierung Ihrer Preisstrategien basierend auf den gewonnenen Rentabilitätsdaten.

4. Entscheidungen optimieren: Datengestützte Strategien zur Profitmaximierung entwickeln

Daten zu sammeln und zu analysieren ist erst der Anfang. Der wahre Wert Ihrer Finanzanalysen entfaltet sich, wenn Sie konkrete Maßnahmen daraus ableiten. Bei einem meiner ersten Kunden, einem Möbelhersteller, beobachtete ich ein faszinierendes Phänomen: Das Unternehmen hatte durch meine Beratung eine hervorragende Datenbasis aufgebaut und detaillierte Auswertungen erstellt – doch dann geschah... nichts. Die Erkenntnisse blieben in den Sheets, während das Tagesgeschäft weiterhin auf Bauchgefühl basierte. Als ich nachfragte, erhielt ich eine ehrliche Antwort: "Wir wissen jetzt zwar, wo die Probleme liegen, aber nicht, was wir konkret ändern sollen."

Diese Lücke zwischen Analyse und Handlung ist der kritische Punkt, an dem viele Unternehmen scheitern. Sie haben die Daten, sie kennen die Probleme, aber der Schritt zur gezielten Maßnahme bleibt aus. In diesem Kapitel zeige ich Ihnen, wie Sie diese Hürde überwinden und aus Ihren Analysen konkrete, gewinnbringende Entscheidungen ableiten.

Der Übergang von der Analyse zur Handlung erfordert einen strukturierten Prozess. Ein Beratungsunternehmen, mit dem ich zusammenarbeitete, hatte monatelang Daten in Google Sheets gesammelt und akribisch analysiert. Die Erkenntnis, dass bestimmte Projekttypen systematisch unprofitabel waren, lag klar auf dem Tisch. Doch erst als wir einen methodischen Entscheidungsprozess etablierten, wurde aus der Erkenntnis eine Transformation: Innerhalb eines Quartals passte das Unternehmen seine Preisstruktur an, optimierte die Ressourcenallokation und steigerte seine Gesamtmarge um beeindruckende 28%.

Die Kunst der datengestützten Entscheidungsfindung folgt einem klaren Rahmenwerk:

1. **Erkenntnisse priorisieren**

   - Identifizieren Sie die finanziell bedeutsamsten Hebel
   - Bewerten Sie Aufwand und Wirkung potenzieller Maßnahmen
   - Fokussieren Sie sich auf wenige, aber wirksame Handlungsfelder

2. **Maßnahmen konkretisieren**

   - Übersetzen Sie Datenerkenntnisse in spezifische Aktionen
   - Definieren Sie klare, messbare Ziele für jede Maßnahme
   - Legen Sie Verantwortlichkeiten und Zeitpläne fest

3. **Auswirkungen simulieren**

   - Erstellen Sie "Was-wäre-wenn"-Szenarien in Google Sheets
   - Modellieren Sie verschiedene Handlungsoptionen
   - Bewerten Sie Risiken und Chancen jedes Szenarios

4. **Umsetzung begleiten**

   - Implementieren Sie die gewählten Maßnahmen schrittweise
   - Erfassen Sie relevante Daten während der Umsetzung
   - Justieren Sie die Maßnahmen basierend auf Feedback

Die strategische Nutzung Ihrer finanziellen Erkenntnisse erfordert Mut und Klarheit. Ein Handelsbetrieb entdeckte durch meine

DeepSeek-Analysen, dass 20% seiner Produkte nicht nur unprofitabel waren, sondern aktiv Ressourcen von den Gewinnbringern abzogen. Die rationale Entscheidung wäre gewesen, diese Produkte sofort aus dem Sortiment zu nehmen. Doch emotionale Bindungen und Angst vor Kundenreaktionen verhinderten zunächst das Handeln. Erst als wir die finanziellen Auswirkungen verschiedener Szenarien in Google Sheets simulierten, gewann der Geschäftsführer die nötige Sicherheit für seine Entscheidung. Das Resultat: Nach der Sortimentsbereinigung stieg der Gesamtgewinn um 17%, während der Umsatz nur um 7% sank.

Preisstrategien bilden einen besonders wirksamen Hebel zur Profitmaximierung. Viele meiner Kunden entdecken durch ihre Rentabilitätsanalysen, dass sie bestimmte Produkte oder Dienstleistungen systematisch unterbewerten. Ein IT-Dienstleister stellte fest, dass der Stundensatz für Supportleistungen die tatsächlichen Kosten kaum deckte. Mit den Daten aus unserer Analyse entwickelten wir ein dreistufiges Support-Modell mit differenzierten Preisen je nach Reaktionszeit und Serviceumfang. Die implementierte Preisstrategie erhöhte die Marge dieser Abteilung um 45%, ohne dass ein einziger Kunde absprang.

Die gezielte Ressourcenallokation auf Ihre profitabelsten Bereiche steigert Ihren Gesamterfolg enorm. Ein klassisches Beispiel erlebte ich bei einem Online-Händler: Seine Marketingbudgets wurden gleichmäßig auf alle Produktkategorien verteilt, unabhängig von deren Profitabilität. Unsere Analyse in Google Sheets offenbarte, dass bestimmte Kategorien dreimal rentabler waren als andere. Die daraufhin angepasste Ressourcenverteilung führte zu einer Steigerung des Return on Marketing Investment (ROMI) um 76% bei gleichbleibendem Gesamtbudget.

Die Simulation zukünftiger Szenarien in Google Sheets ermöglicht Ihnen, Entscheidungen zu testen, bevor Sie sie treffen. Ein Produktionsbetrieb stand vor der Frage, ob er in neue Maschinen investieren oder die Produktion teilweise auslagern sollte. Mit unseren Szenario-Analysen modellierten wir beide Optionen über einen Zeitraum von fünf Jahren, unter Berücksichtigung verschiedener Marktentwicklungen und Risikofaktoren. Die Erkenntnis überraschte alle Beteiligten: Die vermeintlich teurere Investition in eigene Maschinen erwies sich in 80% aller simulierten Szenarien als die profitablere Lösung.

Die Kunst des finanziellen Forecastings eröffnet strategische Spielräume. Ein Dienstleistungsunternehmen nutzte unsere DeepSeek-Methoden, um detaillierte Prognosen für verschiedene Geschäftsbereiche zu erstellen. Diese Vorhersagen, basierend auf historischen Daten und Markttrends, ermöglichten eine vorausschauende Budgetierung und frühzeitige Weichenstellungen. Als sich die Wachstumskurve eines Bereichs abflachte, konnte das Management rechtzeitig gegensteuern, bevor die Rentabilität litt.

Die psychologische Dimension der Entscheidungsfindung darf nicht unterschätzt werden. Mit datengestützten Entscheidungen überwinden Sie die "Bauchgefühl-Falle", die viele Unternehmer in finanzielle Schwierigkeiten bringt. Ein Handwerksbetrieb, mit dem ich arbeitete, hatte jahrelang auf Intuition gesetzt und sich auf Großaufträge konzentriert. Unsere DeepSeek-Analyse in Google Sheets enthüllte, dass mittelgroße Aufträge deutlich profitabler waren. Die Umstellung der Akquisestrategie führte innerhalb eines Jahres zu einer Verdopplung des Gewinns bei nahezu gleichbleibendem Arbeitsaufwand.

Die Vermeidung kognitiver Verzerrungen ist ein weiterer Vorteil datengestützter Entscheidungen. Wir Menschen neigen dazu, Informationen so zu interpretieren, dass sie unsere bestehenden Überzeugungen bestätigen (Confirmation Bias). Ein Beispiel erlebte ich bei einem E-Commerce-Unternehmen, dessen Geschäftsführer fest davon überzeugt war, dass Rabattaktionen seinen Umsatz steigerten. Unsere detaillierte Analyse der Margenentwicklung während Aktionszeiträumen offenbarte jedoch, dass die kurzfristigen Umsatzsteigerungen durch langfristige Margeneinbußen mehr als aufgezehrt wurden. Diese objektive Datenbasis führte zu einer kompletten Neugestaltung der Preisstrategie.

Die Implementierung eines kontinuierlichen Entscheidungszyklus sichert nachhaltigen Erfolg. Ein mittelständisches Unternehmen etablierte auf meine Empfehlung einen monatlichen Prozess:

- **Woche 1**: Datenanalyse und Identifikation von Handlungsfeldern
- **Woche 2**: Entwicklung konkreter Maßnahmen und Simulation der Auswirkungen
- **Woche 3-4**: Umsetzung der priorisierten Maßnahmen
- **Folgeperiode**: Evaluation der Ergebnisse und Anpassung der Strategie

Dieser strukturierte Prozess verankerte datengestützte Entscheidungen fest in der Unternehmenskultur und führte zu einer kontinuierlichen Verbesserung der Gesamtrentabilität.

Die Integration verschiedener Perspektiven bereichert Ihre Entscheidungsfindung. Ein Produktionsunternehmen begann, neben finanziellen Kennzahlen auch qualitative Aspekte in seine Entscheidungsmatrix einzubeziehen: Kundenzufriedenheit, strategische Bedeutung bestimmter Produkte und Zukunftspotenzial. Diese mehrdimensionale Betrachtung, visualisiert in einer Google Sheets-Matrix, führte zu ausgewogeneren Entscheidungen, die nicht nur kurzfristige Profitabilität, sondern auch langfristigen Unternehmenserfolg sicherten.

Die Skalierbarkeit Ihrer Entscheidungsprozesse wächst mit der Reife Ihres DeepSeek-Systems. Ein Handelsunternehmen begann mit einfachen Rentabilitätsanalysen für seine Top-Produkte. Mit der Zeit entwickelte es ein umfassendes System aus automatisierten Dashboards, Szenario-Analysen und Entscheidungsalgorithmen, das vom einzelnen Produkt bis zur strategischen Unternehmensausrichtung alle Ebenen abdeckte. Diese Evolution erfolgte schrittweise, mit jedem Erfolg wuchs das Vertrauen in datengestützte Entscheidungen.

Die Kommunikation Ihrer datenbasierten Entscheidungen ist entscheidend für deren Akzeptanz. Ein Dienstleistungsunternehmen implementierte auf meine Empfehlung visuelle Entscheidungsvorlagen in Google Sheets, die komplexe Analysen in klare, verständliche Grafiken übersetzten. Diese transparente Kommunikation machte es allen Teammitgliedern leicht, die Logik hinter strategischen Weichenstellungen nachzuvollziehen und aktiv zur Umsetzung beizutragen.

Im Verlauf dieses Kapitels werden wir tiefer in die Kunst der datengestützten Entscheidungsfindung eintauchen. Ich zeige Ihnen, wie Sie Preisstrategien basierend auf Rentabilitätsdaten justieren, Ihre Ressourcenallokation auf die profitabelsten Bereiche konzentrieren, Was-wäre-wenn-Analysen für Investitionen und Kostensenkungen durchführen sowie finanzielle Prognosen erstellen und validieren können.

Diese Methoden werden Ihnen helfen, den entscheidenden Schritt von der Analyse zur Handlung zu vollziehen und aus Ihren DeepSeek-Sheets echte Werttreiber für Ihr Unternehmen zu machen. Die Umsetzung dieser Strategien hat meinen Kunden geholfen, ihre Profitabilität nachhaltig zu steigern und gleichzeitig ihre unternehmerische Entscheidungssicherheit deutlich zu erhöhen.

Die Transformationskraft datengestützter Entscheidungen erleben Sie am besten durch sofortige Anwendung. Wählen Sie eine der in den vorherigen Kapiteln durchgeführten Analysen und definieren Sie noch heute eine konkrete Maßnahme, die Sie daraus ableiten. Diese direkte Verknüpfung von Analyse und Handlung bildet den Kern erfolgreicher Profitmaximierung und wird Ihnen helfen, den vollen Wert Ihrer Finanzanalysen zu realisieren.

4.1 Handlungsfelder ableiten: Analyseergebnisse in konkrete Massnahmen übersetzen

4.1.1 Preisstrategien basierend auf Rentabilitätsdaten justieren

Die Preisgestaltung gehört zu den mächtigsten Profithebeln in Ihrem Unternehmen. Ein Gastronomiebetrieb aus meiner Beratungspraxis steigerte seinen Gewinn um beeindruckende 34% allein durch datengestützte Preisanpassungen, ohne dass die Gästezahlen zurückgingen. Der Schlüssel lag in der systematischen Analyse seiner Sheets-Daten, die offenbarte, welche Gerichte unterbezahlt waren und wo Preissenkungen tatsächlich zu höheren Gesamtumsätzen führten. Diese Transformation begann mit einer einfachen Frage: "Was sagen uns unsere Daten über unsere Preisstruktur?"

Die Übersetzung Ihrer Rentabilitätsanalysen in konkrete Preisstrategien folgt einem strukturierten Prozess. Viele Unternehmen sammeln akribisch Daten, vermeiden aber den entscheidenden nächsten Schritt: die tatsächliche Anpassung ihrer Preise auf Basis dieser Erkenntnisse. Mit den richtigen Sheets-Werkzeugen können Sie diesen Schritt methodisch und selbstbewusst gehen.

Google Sheets bietet ideale Funktionen, um Preisanpassungen zu simulieren, bevor Sie sie im Markt umsetzen. Ein Produktionsbetrieb entwickelte mit meiner Unterstützung eine Preissimulationsmatrix, die sofort zeigte, wie sich verschiedene Preisszenarien auf Gesamtumsatz, Marge und Gewinn auswirken würden. Diese Vorschau gab dem Management die nötige Sicherheit, um mutige, aber fundierte Preisanpassungen vorzunehmen.

Der systematische Ansatz für datengestützte Preisstrategien umfasst fünf Schlüsselschritte:

1. **Rentabilitätsanalyse als Ausgangspunkt**

   - Identifizieren Sie Produkte oder Dienstleistungen mit auffälligen Margenabweichungen
   - Kategorisieren Sie Ihr Angebot nach Margenstärke (hoch, mittel, niedrig)
   - Erkennen Sie versteckte Quersubventionierungen zwischen Produktgruppen

2. **Preiselastizität verstehen**

   - Analysieren Sie historische Daten zu Preisänderungen und deren Auswirkungen
   - Segmentieren Sie Produkte nach Preissensibilität der Kunden
   - Ermitteln Sie, welche Angebote preisunelastisch sind (ideale Kandidaten für Erhöhungen)

3. **Differenzierte Preisstrategien entwickeln**

   - Definieren Sie strategische Ziele für jede Produkt- oder Dienstleistungskategorie
   - Erstellen Sie abgestufte Preismodelle je nach Kundensegment
   - Konzipieren Sie Bündelungsstrategien für komplementäre Angebote

4. **Preisszenarien simulieren**

   - Erstellen Sie Modelle für verschiedene Preisanpassungen in Google Sheets
   - Berechnen Sie Auswirkungen auf Absatz, Umsatz und Gesamtmarge
   - Berücksichtigen Sie Risikofaktoren und Wettbewerbsreaktionen

5. **Implementierung und Tracking**

- Setzen Sie Preisänderungen schrittweise um, beginnend mit den klarsten Fällen
- Überwachen Sie Schlüsselkennzahlen in Echtzeit in Ihrem Sheet
- Justieren Sie basierend auf Marktreaktionen nach

Die Margenschwelle-Analyse bildet ein kraftvolles Werkzeug zur Identifikation von Preisanpassungspotenzialen. Ein Online-Händler, den ich beriet, erstellte eine Matrix, die für jedes Produkt die aktuelle Marge mit einer definierten Zielmarge verglich. Produkte mit einer Margendifferenz von mehr als 5 Prozentpunkten wurden automatisch als Kandidaten für Preisanpassungen markiert. Diese systematische Herangehensweise half, Emotionen aus Preisentscheidungen herauszuhalten und objektive Kriterien anzuwenden.

Preisdifferenzierung nach Kundensegmenten erschließt zusätzliche Ertragspotenziale. Ein Dienstleistungsunternehmen analysierte seine Kundenprofitabilität in Google Sheets und entdeckte, dass spezifische Kundengruppen systematisch höhere Betreuungskosten verursachten, die in der einheitlichen Preisstruktur nicht abgebildet waren. Die Lösung lag in einem dreistufigen Servicemodell mit unterschiedlichen Preispunkten je nach Betreuungsintensität. Das Ergebnis: 27% Margensteigerung ohne nennenswerten Kundenverlust.

Die tiefgreifende Analyse von Kostentreibern ermöglicht präzisere Preiskalkulationen. Mit der DeepSeek-Methodik untersuchte ein Handwerksbetrieb die wahren Kostentreiber seiner Aufträge. Überraschenderweise stellte sich heraus, dass nicht die Materialmenge, sondern die Komplexität der Montage den größten Einfluss auf die Gesamtkosten hatte. Diese Erkenntnis führte zu einer komplett neuen Preisstruktur, die Montagekomplexität stärker berücksichtigte und die Rentabilität komplexer Aufträge um 31% steigerte.

Die Implementierung wertbasierter Preisstrategien fußt auf fundierten Datenerkenntnissen. Ein Softwareunternehmen kategorisierte mit meiner Unterstützung seine Features nach dem tatsächlichen Kundenwert statt nach internen Entwicklungskosten. Diese Umstellung erforderte eine detaillierte Analyse der Nutzungsmuster und des Kundennutzens jedes Features. Das Ergebnis war ein neues Preismodell, das den wahrgenommenen Wert besser widerspiegelte und zu einer Umsatzsteigerung von 23% führte.

Die visuelle Darstellung von Preisstrategien in Google Sheets verstärkt die Entscheidungssicherheit. Ich empfehle die Erstellung einer Preisoptimierungsmatrix mit folgenden Elementen:

- X-Achse: Relative Marktposition (niedriger bis höherer Preis als Wettbewerb)
- Y-Achse: Interne Marge (niedrig bis hoch)
- Farbkodierung: Strategische Bedeutung des Produkts
- Blasengröße: Umsatzvolumen

Diese Matrix verdeutlicht auf einen Blick, wo Preisanpassungen am dringendsten nötig sind und welche strategischen Implikationen sie haben.

Die Preis-Mengen-Simulation ermöglicht fundierte Entscheidungen über Preiselastizität. Ein Möbelhersteller entwickelte in Google Sheets ein Modell, das die Beziehung zwischen Preisänderungen und erwartetem Absatz darstellte. Die WENN-Funktion in Kombination mit historischen Daten erlaubte es, für verschiedene Preispunkte Szenarien zu erstellen:

=WENN(C2>D2;E2*0,92;WENN(C2>F2;E2*0,97;E2*1,02))

Diese Formel prognostizierte Absatzmengen basierend auf verschiedenen Preisschwellen und historischen Reaktionsmustern.

Die Saisonalität spielt bei der Preisgestaltung eine entscheidende Rolle. Ein Tourismusbetrieb analysierte seine Buchungsdaten in

Google Sheets und entdeckte deutliche saisonale Muster in der Preisakzeptanz. In nachfragestarken Perioden war die Preissensibilität deutlich geringer als in schwachen Monaten. Diese Erkenntnis führte zu einem dynamischen Preismodell mit saisonalen Anpassungsfaktoren, das die Gesamtmarge des Unternehmens um 19% steigerte.

Wettbewerbsbasierte Preisanalysen liefern wichtige Kontextinformationen. Ein Onlinehändler integrierte mit der IMPORTHTML-Funktion Wettbewerberpreise direkt in sein Google Sheet:

```
=IMPORTHTML("https://competitor.com/product";"table";1)
```

Diese automatische Überwachung ermöglichte es, Preisanpassungen zeitnah und marktgerecht vorzunehmen. Besonders wirkungsvoll war die Einrichtung automatischer Benachrichtigungen bei signifikanten Wettbewerberpreisänderungen.

Die Kommunikation von Preisanpassungen spielt eine entscheidende Rolle für deren Akzeptanz. Ein Beratungsunternehmen entwickelte in Google Sheets eine Matrix, die für jedes Kundensegment die optimale Kommunikationsstrategie definierte. Preiserhöhungen wurden stets mit konkretem Mehrwert verknüpft, was zu einer überraschend hohen Akzeptanzrate von 94% führte.

Die psychologische Preisgestaltung basiert auf datengestützten Erkenntnissen. Ein Einzelhändler analysierte seine Verkaufsdaten und stellte fest, dass Preispunkte knapp unter runden Beträgen (z.B. 19,95 € statt 20 €) in bestimmten Produktkategorien signifikant besser performten, in anderen jedoch keinen messbaren Unterschied machten. Diese detaillierte Analyse ermöglichte eine kategoriespezifische Preisendungsstrategie, die den Gesamtumsatz um 7% steigerte.

Die Analyse von Preisbündelungen erschließt oft versteckte Potenziale. Ein Software-as-a-Service-Anbieter untersuchte mit meiner Unterstützung verschiedene Paketoptionen durch eine Matrix in Google Sheets, die Einzelkomponentenpreise mit Bündelpreisen verglich. Die daraus entwickelte Bündelstrategie steigerte den durchschnittlichen Bestellwert um 32% bei gleichzeitiger Erhöhung der Gesamtkonversionsrate.

Die kontinuierliche Überwachung der Preisperformance sichert langfristigen Erfolg. Ein Handelsunternehmen implementierte in Google Sheets ein monatliches Preis-Dashboard, das automatisch Produkte mit sinkenden Margen identifizierte und Preisanpassungsempfehlungen generierte. Dieser systematische Prozess verhinderte die schleichende Margenerosion, die das Unternehmen zuvor regelmäßig erlebt hatte.

Der Erfolg datengestützter Preisstrategien zeigt sich in messbaren Ergebnissen. Ein Dienstleistungsunternehmen, das meine DeepSeek-Methodik für seine Preisgestaltung implementierte, erzielte innerhalb eines Jahres eine Margensteigerung von 4,3 Prozentpunkten, ohne Marktanteile zu verlieren. Der Schlüssel lag nicht in drastischen Preiserhöhungen, sondern in der präzisen, datenbasierten Justierung dort, wo die Rentabilitätsanalyse die größten Potenziale aufzeigte.

Im nächsten Abschnitt zeige ich Ihnen, wie Sie Ihre Ressourcenallokation auf die profitabelsten Bereiche konzentrieren können, um den Gesamterfolg Ihres Unternehmens weiter zu steigern und Ihre neu gewonnenen Preiseinsichten optimal zu nutzen.

4.1.2 Ressourcenallokation auf die profitabelsten Bereiche konzentrieren

Die strategische Verteilung Ihrer Ressourcen entscheidet maßgeblich über Ihren geschäftlichen Erfolg. Ein Onlinehändler aus meiner Beratungspraxis investierte jahrelang gleich viel Marketingbudget in alle Produktkategorien, unabhängig von deren Rentabilität. Als wir seine Daten mit der DeepSeek-Methodik analysierten, entdeckten wir, dass seine Top-3-Kategorien eine dreimal höhere Marge erzielten als der Rest. Die Umverteilung seines Budgets auf diese Gewinnbringer steigerte seinen Gesamtgewinn innerhalb eines Quartals um beeindruckende 41% – ohne einen Euro mehr auszugeben.

Ressourcenallokation geht weit über die Verteilung finanzieller Mittel hinaus. Zeit, Aufmerksamkeit, Personal, Lagerkapazitäten und technische Infrastruktur zählen ebenfalls zu Ihren wertvollen Ressourcen. Die Kunst liegt darin, diese Ressourcen präzise dort einzusetzen, wo sie den größten Wertbeitrag leisten. Google Sheets bietet hierfür ideale Analysewerkzeuge, um datengestützte Allokationsentscheidungen zu treffen.

Der Prozess zur optimalen Ressourcenallokation folgt in meiner DeepSeek-Methodik fünf Schlüsselschritten:

1. **Profitzentren identifizieren**

   - Analysieren Sie Ihre Rentabilitätsdaten nach Produkten, Dienstleistungen, Kundengruppen
   - Bestimmen Sie absolute und relative Gewinnbeiträge jedes Bereichs
   - Identifizieren Sie die Top-20% mit dem höchsten Profitpotenzial

2. **Ressourceneinsatz quantifizieren**

   - Erfassen Sie alle relevanten Ressourcenarten (Budget, Zeit, Personal)

- Dokumentieren Sie die aktuelle Verteilung über Ihre Geschäftsbereiche
- Berechnen Sie den "Return on Resource" für jede Kategorie

3. **Allokationsmodell entwickeln**

- Erstellen Sie ein Prioritätenraster basierend auf Rentabilität und strategischer Bedeutung
- Definieren Sie Mindest- und Idealressourcen für jeden Bereich
- Entwerfen Sie verschiedene Allokationsszenarien in Google Sheets

4. **Umsetzungsplan erstellen**

- Definieren Sie konkrete Umverteilungsmaßnahmen mit Zeitplan
- Antizipieren Sie potenzielle Hindernisse und entwickeln Sie Lösungsansätze
- Bestimmen Sie Verantwortlichkeiten und Meilensteine

5. **Wirkung messen und nachsteuern**

- Implementieren Sie ein Tracking-System in Google Sheets
- Definieren Sie klare Erfolgskennzahlen für die neue Ressourcenverteilung
- Etablieren Sie einen regelmäßigen Review-Prozess

Die visuelle Darstellung der Ressourcenallokation verstärkt die Entscheidungssicherheit enorm. Ein Dienstleistungsunternehmen, das ich beriet, erstellte in Google Sheets eine Matrix mit Geschäftsbereichen in den Zeilen und verschiedenen Ressourcentypen in den Spalten. Durch bedingte Formatierung wurden Bereiche mit hoher Rentabilität, aber niedriger Ressourcenzuweisung sofort grün hervorgehoben – ein klarer visueller Hinweis auf Optimierungspotenzial.

Die Implementierung der Ressourcen-Rentabilitäts-Matrix in Google Sheets folgt diesem praktischen Ansatz:

1. Erstellen Sie eine Tabelle mit Ihren Geschäftsbereichen in den Zeilen
2. Fügen Sie Spalten für Umsatz, Kosten, Deckungsbeitrag und DB-Quote hinzu
3. Ergänzen Sie Spalten für die verschiedenen Ressourcentypen (Budget, Personalstunden, etc.)
4. Berechnen Sie den "Return on Resource" als Verhältnis von Deckungsbeitrag zu eingesetzter Ressource
5. Verwenden Sie bedingte Formatierung, um Unter- und Überallokationen farblich hervorzuheben

Die Zeit als kritische Ressource wird oft unterschätzt. Ein Handwerksbetrieb analysierte, wie seine Fachkräfte ihre Zeit auf verschiedene Auftragstypen verteilten. Das überraschende Ergebnis: Kleine Reparaturaufträge beanspruchten 40% der Arbeitszeit, generierten aber nur 15% des Gewinns. Die Neujustierung der Zeitallokation zugunsten größerer Projekte – unterstützt durch ein simples Tracking-Sheet – steigerte den Gesamtgewinn um 23% bei gleichbleibender Personalstärke.

Die Pareto-Priorisierung bildet ein Kernprinzip effizienter Ressourcenallokation. Ein Produktionsbetrieb entdeckte durch meine DeepSeek-Analyse, dass 72% seines Gewinns aus nur 18% seiner Produktvarianten stammten. Diese glasklare Erkenntnis führte zu einer radikalen Neuausrichtung seiner Maschinenkapazitäten und Materialbestände. Die Fokussierung auf die Gewinnbringer reduzierte gleichzeitig Komplexitätskosten und steigerte die Gesamtproduktivität um 31%.

Die Kapazitätsplanung wird durch datengestützte Allokation präziser und profitabler. Mit einer einfachen Matrix in Google Sheets kann ich für jeden Unternehmensbereich darstellen, wie sich Kapazitätsauslastung und Rentabilität zueinander verhalten. Ein Beratungsunternehmen entdeckte dadurch, dass sein profitabelstes Angebot systematisch unterkapazitiert war, während weniger profitable Dienstleistungen Ressourcen banden. Die Umschichtung von nur zwei Mitarbeitern auf den hochprofitablen Bereich steigerte den Gesamtgewinn um 17%.

Die Projektpriorisierung auf Basis von Rentabilitätsdaten vermeidet kostspielige Fehlallokationen. Ein IT-Dienstleister nutzte meine DeepSeek-Methodik, um alle geplanten Projekte in einer Matrix zu erfassen:

- X-Achse: Benötigter Ressourceneinsatz (niedrig bis hoch)
- Y-Achse: Erwarteter ROI (niedrig bis hoch)
- Größe der Datenpunkte: Absoluter Deckungsbeitrag
- Farbe: Strategische Bedeutung

Diese visuelle Darstellung offenbarte sofort, welche Projekte priorisiert werden sollten und welche trotz hoher Umsätze unverhältnismäßig viele Ressourcen banden.

Die Fähigkeit zur flexiblen Ressourcenanpassung schafft Wettbewerbsvorteile. Ein Onlineshop erstellte ein dynamisches Sheet, das wöchentlich die optimale Verteilung des Marketingbudgets auf verschiedene Produktkategorien berechnete, basierend auf aktuellen Margen, Saisonalität und Lagerbeständen. Diese agile Ressourcensteuerung führte zu einer Steigerung des ROMI (Return on Marketing Investment) um beeindruckende 38%.

Die Berücksichtigung strategischer Faktoren ergänzt die reine Rentabilitätsbetrachtung. Ein Handelsunternehmen integrierte in seine Allokationsmatrix eine zusätzliche Spalte für "Strategische Bedeutung" (z.B. Zukunftspotenzial, Marktposition, Kundenbindungseffekt). Diese mehrdimensionale Betrachtung verhinderte kurzfristige Fehlentscheidungen und schuf eine ausgewogene Ressourcenverteilung, die sowohl aktuelle Profitabilität als auch langfristige Unternehmensziele berücksichtigte.

Die Simulation verschiedener Allokationsszenarien ermöglicht fundierte Entscheidungen. In Google Sheets können Sie mit wenigen Klicks alternative Ressourcenverteilungen durchspielen und deren Auswirkungen prognostizieren. Ein Produzent von Möbeln erstellte drei Szenarien für die Verteilung seiner Fertigungskapazitäten: konservativ (geringe Änderung), moderat (teilweise Umverteilung) und radikal (komplette Fokussierung auf Topseller). Die Simulation zeigte, dass bereits das moderate Szenario 83% der Gewinnpotenziale des radikalen Ansatzes realisieren konnte – bei deutlich geringerem Umsetzungsrisiko.

Die Ressourcenallokation sollte Skalierungseffekte berücksichtigen. Ein Online-Dienstleister entdeckte durch meine DeepSeek-Analyse, dass bestimmte profitable Angebote erst ab einem gewissen Ressourceneinsatz ihr volles Potenzial entfalten konnten. Statt einer linearen Allokation entwickelten wir eine stufenweise Ressourcenstrategie, die erst kritische Massen in Schlüsselbereichen aufbaute, bevor weitere Bereiche adressiert wurden. Dieser fokussierte Ansatz verdoppelte die Wirkung der eingesetzten Mittel.

Die kontinuierliche Überprüfung Ihrer Allokation sichert langfristigen Erfolg. Ein Handelsunternehmen implementierte in Google Sheets ein monatliches Allokations-Dashboard mit automatischer Berechnung von:

- Ressourceneinsatz pro Produktlinie
- Erzielter Deckungsbeitrag pro Ressourceneinheit
- Abweichungen vom Optimalallocations-Modell
- Trendentwicklung der Allokationseffizienz

Dieses regelmäßige Monitoring verhinderte ein schleichendes Zurückfallen in alte Verteilungsmuster und sicherte die nachhaltige Wirkung der Optimierungsmaßnahmen.

Die Kommunikation der Allokationsentscheidungen spielt eine entscheidende Rolle für deren Akzeptanz. Ein

Beratungsunternehmen, das ich betreute, visualisierte die Ressourcenumverteilung mit einfachen, aber aussagekräftigen Diagrammen, die den erwarteten Profitgewinn klar darstellten. Diese transparente Kommunikation gewann alle Teammitglieder für die neuen Prioritäten und beschleunigte deren Umsetzung.

Die Fallstudie eines mittelständischen Elektronikfachhändlers illustriert die Macht optimierter Ressourcenallokation eindrucksvoll. Nach unserer DeepSeek-Analyse verteilte das Unternehmen sein Marketing-, Personal- und Lagerbudget konsequent nach Rentabilitätsdaten. Das Ergebnis nach nur sechs Monaten:

- 23% Steigerung des Gesamtdeckungsbeitrags
- 34% Reduktion des Lagerbestands bei verbesserten Lieferzeiten
- 18% höhere Verkäuferproduktivität

Die größte Herausforderung bei der Ressourcenallokation ist oft psychologischer Natur. Das "Gießkannenprinzip" erscheint vielen Unternehmern zunächst fairer und risikoärmer als eine fokussierte Verteilung. Ein Maschinenbauunternehmen zögerte lange, seine Vertriebskapazitäten von historisch gewachsenen Kundensegmenten abzuziehen. Die Modellierung des entgangenen Gewinns durch diese Fehlallokation in Google Sheets überzeugte schließlich auch den skeptischsten Abteilungsleiter.

Die systematische Anwendung der hier vorgestellten Methoden zur Ressourcenallokation hat einem meiner Kunden, einem mittelständischen Dienstleistungsunternehmen, geholfen, innerhalb eines Jahres seine Gesamtrentabilität um 27% zu steigern – ohne Personalaufbau oder Investitionen. Der Schlüssel lag allein in der datengestützten Neuverteilung der vorhandenen Ressourcen auf die profitabelsten Bereiche.

Im nächsten Abschnitt zeige ich Ihnen, wie Sie Was-wäre-wenn-Analysen für Investitionen und Kostensenkungen durchführen können, um die Auswirkungen Ihrer Ressourcenallokationsentscheidungen präzise zu simulieren und das volle Potenzial Ihrer Daten für strategische Entscheidungen zu nutzen.

4.2 Szenario-Planung in Sheets: Zukünftige Auswirkungen von Entscheidungen simulieren

4.2.1 Was-wäre-wenn-Analysen für Investitionen und Kostensenkungen durchführen

Die Fähigkeit, zukünftige Geschäftsszenarien zu simulieren, verwandelt Ihre Finanzsteuerung von reaktiv zu proaktiv. Ein Produktionsbetrieb stand vor einer kritischen Entscheidung: sollte er in neue Maschinen investieren oder bestehende Anlagen intensiver nutzen? Mit einer strukturierten Was-wäre-wenn-Analyse in Google Sheets konnten wir verschiedene Szenarien durchspielen, Parameter variieren und die finanziellen Auswirkungen beider Optionen über einen Zeithorizont von fünf Jahren simulieren. Das Ergebnis überraschte alle Beteiligten: obwohl die Neuinvestition kurzfristig teurer war, zeigte sie bereits ab dem dritten Jahr eine deutlich bessere Rentabilität.

Was-wäre-wenn-Analysen gehören zu den mächtigsten Werkzeugen in Ihrem DeepSeek-Arsenal. Sie ermöglichen es Ihnen, verschiedene Handlungsoptionen virtuell zu testen, bevor Sie reale Ressourcen einsetzen müssen. Google Sheets bietet hierfür ideale Funktionalität, die weit über einfache Wenn-dann-Berechnungen hinausgeht und komplexe mehrschichtige Simulationen ermöglicht.

Der systematische Aufbau einer effektiven Was-wäre-wenn-Analyse folgt einem strukturierten Prozess, den ich mit zahlreichen Kunden erfolgreich implementiert habe:

1. **Szenario-Definition**

   - Bestimmen Sie die zu untersuchenden Handlungsoptionen (z.B. Investitionsvarianten)

140

- Definieren Sie die relevanten Parameter und Variablen
- Legen Sie den Betrachtungszeitraum und die Granularität fest

2. **Datenmodell erstellen**

- Bauen Sie ein strukturiertes Berechnungsmodell in Google Sheets
- Identifizieren Sie klar Input-Variablen und Output-Kennzahlen
- Implementieren Sie die mathematischen Beziehungen zwischen den Variablen

3. **Variablenbereich definieren**

- Bestimmen Sie realistische Wertebereiche für jede Variable
- Definieren Sie Bestfall, Normalfall und Worstcase-Szenarien
- Berücksichtigen Sie mögliche Korrelationen zwischen Variablen

4. **Simulation durchführen**

- Variieren Sie systematisch die Eingangsparameter
- Berechnen Sie Ergebnisse für verschiedene Szenarien
- Identifizieren Sie Sensitivitäten und kritische Schwellenwerte

5. **Ergebnisse visualisieren und interpretieren**

- Erstellen Sie aussagekräftige Diagramme für Schlüsselerkenntnisse
- Identifizieren Sie optimale Strategien basierend auf Risiko-Rendite-Verhältnis
- Leiten Sie konkrete Handlungsempfehlungen ab

Die technische Umsetzung in Google Sheets erfolgt mit einer Kombination verschiedener Funktionen. Besonders wertvoll ist die

Einrichtung von Datentabellen für zweidimensionale Analysen. Ein Beispiel aus meiner Beratungspraxis: Für einen Online-Händler erstellten wir eine Matrix, die gleichzeitig Preisänderungen und Marketingausgaben variierte und deren kombinierte Auswirkung auf den Gewinn darstellte. Diese visuelle Darstellung offenbarte sofort optimale Kombinationen beider Parameter.

Die Datenvalidierung mit Dropdown-Listen schafft interaktive Benutzeroberflächen für Ihre Simulationen. Ein Dienstleistungsunternehmen implementierte ein System, bei dem der Nutzer per Dropdown verschiedene Szenarien auswählen konnte:

1. Markieren Sie die Zelle für Ihre Szenarioauswahl
2. Wählen Sie "Daten" > "Datenvalidierung"
3. Erstellen Sie eine Liste mit Ihren Szenariobezeichnungen
4. Verknüpfen Sie die Auswahl mit entsprechenden WENN-Funktionen im Modell

Die Integration der WENN-Funktion mit SVERWEIS bietet flexible Modellierungsmöglichkeiten. Ein Maschinenbauunternehmen nutzte diese Kombination, um verschiedene Investitionsszenarien zu modellieren:

=WENN(G4="Vollausbau";SVERWEIS("Vollausbau";Investitionssze narien!A2:C10;3;FALSCH);

WENN(G4="Teilausbau";SVERWEIS("Teilausbau";Investitionsszena rien!A2:C10;3;FALSCH);0))

Diese Formel wählte automatisch den passenden Investitionsbetrag aus einer Referenztabelle, basierend auf der Szenarioauswahl des Nutzers.

Die Sensitivitätsanalyse bildet das Herzstück jeder Was-wäre-wenn-Betrachtung. Ein Produktionsbetrieb wollte verstehen, wie empfindlich sein Geschäftsmodell auf Schwankungen bei Rohstoffpreisen, Personalkosten und

Verkaufspreisen reagierte. Mit einer systematischen Analyse in Google Sheets konnten wir die kritischen Faktoren identifizieren und zeigen, dass eine 10%ige Erhöhung der Materialkosten den Gewinn um 32% reduzieren würde, während eine 10%ige Personalkostenerhöhung nur 14% Gewinnrückgang verursachte. Diese Erkenntnis führte zu einer Priorisierung von Materialeffizienzmaßnahmen und langfristigen Lieferantenverträgen.

Die Visualisierung von Simulationsergebnissen verstärkt deren Wirkung enorm. Ich empfehle diese effektiven Darstellungsmethoden:

- **Spinnendiagramme**: Zeigen die Auswirkung verschiedener Faktoren auf eine Zielgröße
- **Heatmaps**: Visualisieren optimale Parameterkombinationen durch Farbabstufungen
- **Tornado-Diagramme**: Stellen die relative Wichtigkeit verschiedener Einflussfaktoren dar
- **Break-Even-Analysen**: Zeigen die Bedingungen, unter denen Investitionen profitabel werden

Ein Handelsunternehmen nutzte ein Tornado-Diagramm, um auf einen Blick zu erkennen, welche Faktoren den stärksten Einfluss auf die Rentabilität einer geplanten Sortimentserweiterung hatten. Diese klare Visualisierung lenkte den Fokus auf die kritischsten Stellhebel im Projekt.

Die Break-Even-Analyse spielt eine zentrale Rolle bei Investitionsentscheidungen. Für einen IT-Dienstleister entwickelte ich ein dynamisches Break-Even-Modell in Google Sheets, das automatisch berechnete, ab welchem Umsatzvolumen eine neue Softwareinvestition rentabel würde. Besonders wertvoll war die Möglichkeit, verschiedene Kostenstrukturen durchzuspielen und deren Einfluss auf den Break-Even-Punkt zu visualisieren.

Die Monte-Carlo-Simulation erweitert klassische Was-wäre-wenn-Analysen um eine probabilistische Dimension. Obwohl Google Sheets keine native Monte-Carlo-Funktion bietet, können wir mit einer Kombination aus ZUFALLSZAHL-Funktionen und zahlreichen Iterationen eine vereinfachte Version erstellen. Ein Beratungsunternehmen nutzte diesen Ansatz, um die Erfolgswahrscheinlichkeit eines neuen Dienstleistungsangebots unter verschiedenen Marktbedingungen zu simulieren.

Die Integration von Zeitreihen in Ihre Simulationen verleiht ihnen zusätzliche Tiefe. Ein Online-Shop implementierte ein dynamisches Modell, das Preiselastizitäten über verschiedene Saisons hinweg berücksichtigte. Diese zeitliche Dimension zeigte, dass die optimale Preisstrategie je nach Jahreszeit variierte, was zu einem dynamischen Preismodell mit höheren Jahresmargen führte.

Die Szenariotechnik mit Best-, Normal- und Worst-Case betrachtet verschiedene mögliche Zukunftsentwicklungen. Ein Produktionsbetrieb, den ich betreute, entwickelte für eine geplante Expansion drei Szenarien mit unterschiedlichen Annahmen zu Marktakzeptanz, Wettbewerbsreaktionen und Kostenentwicklungen. Diese strukturierte Betrachtung führte zu einem abgestuften Investitionsplan mit klar definierten Meilensteinen und "Go/No-Go"-Entscheidungspunkten.

Die Risikoanalyse komplettiert Ihre Was-wäre-wenn-Betrachtung. Ein Handelsunternehmen bewertete in seinem Investitionsmodell nicht nur die erwarteten Renditen, sondern auch die Wahrscheinlichkeit negativer Szenarien und deren potenzielle Auswirkungen. Diese umfassende Betrachtung führte zu einer ausgewogeneren Entscheidungsfindung, die sowohl Chancen als auch Risiken angemessen berücksichtigte.

Die praktische Anwendung der Was-wäre-wenn-Analyse erstreckt sich auf vielfältige Geschäftsbereiche:

- **Preisstrategie**: Auswirkungen verschiedener Preismodelle auf Absatz und Gewinn
- **Investitionsbewertung**: Vergleich von ROI, Amortisation und Kapitalwert verschiedener Optionen
- **Personalplanung**: Simulation von Auswirkungen verschiedener Teamgrößen und -strukturen
- **Marketingbudget**: Optimierung der Werbeausgaben basierend auf erwarteten Rücklaufquoten
- **Lagerhaltung**: Bestimmung optimaler Bestandsmengen unter Berücksichtigung von Liefer- und Lagerkosten

Die Integration von externen Wirtschaftsfaktoren erhöht die Realitätsnähe Ihrer Simulationen. Ein Produktionsunternehmen berücksichtigte in seinem Investitionsmodell explizit Szenarien für verschiedene Rohstoffpreisentwicklungen und Wechselkursschwankungen. Diese umfassende Betrachtung ermöglichte eine robustere Bewertung der geplanten Expansion.

Die Kombination verschiedener Was-wäre-wenn-Modelle zu einem integrierten Entscheidungssystem steigert den Gesamtnutzen erheblich. Ein mittelständisches Handelsunternehmen verknüpfte seine Simulationen für Preisgestaltung, Sortimentsoptimierung und Marketingbudgetierung zu einem kohärenten System, das die komplexen Wechselwirkungen zwischen diesen Bereichen berücksichtigte. Das Ergebnis war eine ganzheitliche Optimierungsstrategie, die isolierte Einzelentscheidungen ersetzte.

Die systematische Anwendung der hier vorgestellten Was-wäre-wenn-Techniken hat einem meiner Kunden, einem mittelständischen Fertigungsbetrieb, geholfen, seine Investitionsentscheidungen auf eine völlig neue Grundlage zu stellen. Statt Bauchentscheidungen oder einfacher Amortisationsrechnungen werden nun komplexe Szenarien simuliert und risikoadjustierte Bewertungen durchgeführt. Diese datenfundierte Herangehensweise führte zu einer deutlich höheren Trefferquote bei Investitionsentscheidungen und einer Steigerung der durchschnittlichen Investitionsrendite um 24%.

Im nächsten Abschnitt zeige ich Ihnen, wie Sie diese Simulationstechniken für zukunftsgerichtete Finanzprognosen nutzen können, um Ihr Unternehmen proaktiv auf kommende Entwicklungen vorzubereiten und finanzielle Überraschungen zu vermeiden.

4.2.2 FINANZIELLE PROGNOSEN UND FORECASTS ERSTELLEN UND VALIDIEREN

Die Kunst der finanziellen Prognose gleicht einer Zeitreise in die Zukunft Ihres Unternehmens. Ein Möbelhersteller, den ich beriet, kämpfte mit schwankenden Materialpreisen und unsicheren Absatzprognosen. Seine Entscheidungen basierten auf Intuition statt solider Vorhersagen. Als wir gemeinsam ein strukturiertes Prognosemodell in Google Sheets entwickelten, veränderte sich seine gesamte strategische Planung: Plötzlich konnte er Materialengpässe antizipieren, Produktionskapazitäten optimieren und Preisanpassungen vorausschauend planen. "Ich fühle mich, als hätte ich eine Kristallkugel für mein Unternehmen gefunden", beschrieb er die Transformation.

Die Erstellung präziser Finanzprognosen bildet den Schlussstein Ihrer DeepSeek-Methodik. Mit den richtigen Techniken in Google Sheets verwandeln Sie historische Daten in belastbare Zukunftsprojektionen und schaffen damit die Basis für proaktive Entscheidungen statt reaktiver Krisenbewältigung. Das Beste daran: Sie benötigen keine teure Spezialsoftware oder tiefes statistisches Wissen.

Google Sheets bietet überraschend leistungsstarke Werkzeuge für fundierte Finanzprognosen. Die eingebauten Prognosefunktionen ermöglichen es Ihnen, verschiedene Vorhersagemethoden zu nutzen, ohne komplexe Formeln erstellen zu müssen. Ein Online-Händler implementierte mit meiner Unterstützung eine Umsatzprognose basierend auf der FORECAST-Funktion, die saisonale Muster berücksichtigte. Die Abweichung zwischen Prognose und tatsächlichem Ergebnis lag im ersten Quartal bei beeindruckenden 3,8%, was die Liquiditätsplanung revolutionierte.

Die systematische Erstellung und Validierung von Finanzprognosen folgt diesem bewährten Prozess:

1. **Datenbasis aufbauen und aufbereiten**

   - Sammeln Sie relevante historische Daten (mindestens 2-3 Jahre für saisonale Muster)
   - Bereinigen Sie Ausreißer und anomale Ereignisse, die das Prognoseergebnis verzerren würden
   - Strukturieren Sie die Daten in einem konsistenten, chronologischen Format

2. **Prognosemethode auswählen**

   - Bestimmen Sie den geeigneten Ansatz basierend auf Ihren Datenmustern
   - Wählen Sie zwischen Trendextrapolation, gleitenden Durchschnitten oder gewichteten Methoden
   - Implementieren Sie die passende Funktion in Google Sheets

3. **Prognosemodell erstellen**

   - Entwickeln Sie eine strukturierte Tabelle mit historischen und prognostizierten Werten
   - Integrieren Sie Saisonalität und bekannte Einflussfaktoren
   - Erstellen Sie Visualisierungen zur besseren Interpretation der Vorhersagen

4. **Prognose validieren**

   - Vergleichen Sie historische Prognosen mit tatsächlichen Ergebnissen

- Berechnen Sie Abweichungsmetriken wie MAE (mittlerer absoluter Fehler) oder RMSE
- Passen Sie Ihr Modell basierend auf den Validierungsergebnissen an

Die Auswahl der richtigen Prognosemethode hängt stark von Ihren Datenmustern ab. In Google Sheets stehen verschiedene Ansätze zur Verfügung:

- **Einfache Trendprognose mit FORECAST**

  - Ideal für lineare Trends mit geringer Saisonalität
  - Implementierung durch =FORECAST(zu_prognostizierender_Zeitpunkt; bekannte_y_werte; bekannte_x_werte)
  - Liefert gute Ergebnisse bei stabilen Wachstums- oder Rückgangsmustern
- **Gleitende Durchschnitte für volatile Daten**

  - Perfekt zur Glättung schwankender Zahlenreihen
  - Umsetzung mit AVERAGE und OFFSET-Funktionen für dynamische Bereiche
  - Reduziert kurzfristige Schwankungen für klarere Trendlinien
- **Gewichtete Prognosen für aktuelle Trends**

  - Berücksichtigt neuere Daten stärker als ältere
  - Kombination aus SUMPRODUCT und definierten Gewichtungsfaktoren
  - Besonders effektiv bei sich ändernden Marktbedingungen
- **Exponentielles Glätten für komplexe Muster**

  - Berücksichtigt Trend und Saisonalität gleichzeitig
  - Implementierung durch kombinierte Formeln oder Add-ons
  - Liefert präzise Ergebnisse bei saisonalen Geschäftsmodellen

Die praktische Implementierung in Google Sheets beginnt mit einer klaren Struktur. Ein Dienstleistungsunternehmen, das ich beriet, erstellte ein dreistufiges Prognosemodell:

1. Historische Daten in monatlicher Granularität auf einem separaten Tabellenblatt
2. Prognoseberechnungen mit verschiedenen Methoden auf einem Arbeitsblatt
3. Visualisierungen und Validierungsmetriken auf einem Dashboard-Tab

Diese klare Trennung ermöglicht sowohl tiefgehende Analyse als auch übersichtliche Präsentation der Ergebnisse.

Die Validierung Ihrer Prognosen bildet einen entscheidenden Schritt im Prozess. Nur durch systematische Überprüfung können Sie Vertrauen in Ihre Vorhersagen gewinnen und kontinuierlich verbessern. Ein Produktionsbetrieb implementierte diese Validierungsmethoden in seinem Sheet:

- **Historischer Vergleich**: Gegenüberstellung von früheren Prognosen und tatsächlichen Ergebnissen
- **Berechnung von Fehlermetriken**: MAE, RMSE und prozentuale Abweichungen
- **Visuelle Trendanalyse**: Grafische Darstellung von Prognose vs. Realität über Zeit

Diese strukturierte Validierung half dem Unternehmen, systematische Fehler in seinen Annahmen zu erkennen und sein Prognosemodell schrittweise zu verfeinern.

Die Integration von externen Faktoren verbessert die Prognosegenauigkeit erheblich. Ein Handelsunternehmen ergänzte sein Umsatzprognosemodell um Spalten für saisonale Events, Marketingkampagnen und Wettbewerbsaktivitäten. Durch diese Kontextfaktoren sank der mittlere Prognosefehler von 12% auf beeindruckende 5,3%. In Google Sheets können Sie diese externen

Faktoren leicht als Parameter in Ihre Prognoseformeln einbeziehen.

Sensitivitätsanalysen offenbaren die Robustheit Ihrer Prognosen. Ein Online-Dienstleister erstellte eine Matrix, die zeigte, wie sich unterschiedliche Annahmen zu Kundenwachstum und Churn-Rate auf die Umsatzprognose auswirkten. Diese mehrdimensionale Betrachtung schuf ein realistisches Bild möglicher Zukunftsszenarien statt einer einzelnen Punktprognose. Mit der DATENMATRIX-Funktion in Google Sheets können Sie solche Sensitivitätsanalysen elegant umsetzen.

Die visuelle Darstellung von Prognosen steigert deren Wirksamkeit enorm. Ich empfehle diese bewährten Visualisierungstechniken:

- **Liniendiagramme mit historischen und prognostizierten Werten**
- **Konfidenzintervalle als schattierte Bereiche um die Hauptprognose**
- **Abweichungsdiagramme zur Visualisierung der Prognosegenauigkeit**
- **Prognose-vs-Ist-Vergleiche in übersichtlichen Dashboards**

Ein Beratungsunternehmen integrierte diese visuellen Elemente in sein Google Sheets-Dashboard und verbesserte dadurch die Akzeptanz der Prognosen im gesamten Management-Team erheblich.

Die Dokumentation von Prognosemodellen sichert deren langfristigen Wert. Ein Maschinenbauunternehmen hinterlegte in seinem Prognose-Sheet detaillierte Notizen zu:

- Angewandten Methoden und deren Begründung
- Getroffenen Annahmen und deren Quellen
- Bekannten Limitationen des Modells
- Anpassungshistorie und Validierungsergebnissen

Diese transparente Dokumentation ermöglichte es auch neuen Teammitgliedern, das Prognosemodell zu verstehen und weiterzuentwickeln.

Die kontinuierliche Verbesserung Ihrer Prognosen erfordert einen systematischen Prozess. Ein Einzelhandelsunternehmen etablierte einen monatlichen Zyklus:

1. Erfassung neuer Ist-Daten und Vergleich mit der Prognose
2. Berechnung der Abweichungen und Analyse der Ursachen
3. Anpassung der Prognosemethodik basierend auf den Erkenntnissen
4. Erstellung aktualisierter Prognosen für die kommenden Perioden

Dieser iterative Prozess verbesserte die Prognosegenauigkeit kontinuierlich über die Zeit und schuf eine solide Basis für strategische Entscheidungen.

Die praktische Anwendung der hier vorgestellten Prognosetechniken hat einem meiner Kunden, einem mittelständischen Großhändler, geholfen, seine Liquiditätsplanung grundlegend zu transformieren. Die früher üblichen Liquiditätsengpässe verschwanden, da das Unternehmen Zahlungsein- und -ausgänge präziser vorhersagen und entsprechend planen konnte. Der finanzielle Spielraum ermöglichte zudem günstigere Einkaufskonditionen durch frühzeitige Bestellungen und Nutzung von Skonti.

Im nächsten Kapitel zeige ich Ihnen, wie Sie all diese Analysen und Prognosen in einem intelligenten Budget-Cockpit zusammenführen können, das Ihre finanzielle Steuerung automatisiert und Ihnen als zentrales Führungsinstrument für Ihr Unternehmen dient.

5. Finanzsteuerung automatisieren: Ihr intelligentes Budget-Cockpit in Google Sheets aufbauen

Mit dem richtigen Budget-Cockpit verwandelt sich Ihre Finanzsteuerung von einer zeitraubenden Pflichtübung in einen strategischen Wettbewerbsvorteil. Ein Möbelhersteller aus meiner Beratungspraxis verbrachte wöchentlich über sieben Stunden mit dem Sammeln und Aufbereiten seiner Finanzdaten, bevor er damit überhaupt Entscheidungen treffen konnte. Nach der Implementierung eines automatisierten DeepSeek-Dashboards in Google Sheets lagen alle relevanten Informationen jederzeit auf Knopfdruck bereit. Die gesparte Zeit investierte er in die Entwicklung neuer Produkte, was innerhalb eines Jahres zu einer Umsatzsteigerung von 21% führte.

Die Automatisierung Ihrer Finanzsteuerung markiert den Höhepunkt unserer DeepSeek-Reise. In den bisherigen Kapiteln haben Sie gelernt, Ihre Daten zu strukturieren, grundlegende und fortgeschrittene Analysen durchzuführen und daraus konkrete Handlungsfelder abzuleiten. Nun gilt es, diese Erkenntnisse in ein integriertes System zu überführen, das Ihre finanzielle Steuerung weitgehend selbstständig übernimmt.

Google Sheets bietet erstaunlich leistungsstarke Funktionen für die Erstellung individueller Dashboards und automatisierter Berichte. Ein Einzelhändler staunte nicht schlecht, als ich ihm zeigte, dass er sein teures BI-Tool für viele Anwendungsfälle problemlos durch ein maßgeschneidertes Google Sheets-Dashboard ersetzen konnte. "Ich hätte nie gedacht, dass diese einfache Software so viel kann", war sein beeindrucktes Fazit nach der ersten Demonstration.

Die Vision eines vollständig integrierten Budget-Cockpits umfasst mehrere Kernelemente:

- **Zentrale Steuerungszentrale**: Ein Dashboard, das alle relevanten KPIs auf einen Blick visualisiert
- **Automatische Datenaktualisierung**: Laufende Integration neuer Daten ohne manuelle Eingabe
- **Intelligent verknüpfte Berichtsblätter**: Detailansichten, die bei Bedarf tiefere Einblicke gewähren
- **Alarm- und Benachrichtigungssystem**: Automatische Hinweise bei kritischen Abweichungen
- **Prognosefunktionen**: Vorausschauende Elemente für fundierte Zukunftsentscheidungen

Der tiefgreifende Nutzen eines gut implementierten Budget-Cockpits lässt sich kaum überschätzen. Ein IT-Dienstleister, den ich betreute, reduzierte seine monatliche Reportinglast von drei Tagen auf weniger als zwei Stunden durch ein integriertes Dashboard-System. Gleichzeitig stieg die Qualität seiner Finanzentscheidungen messbar, da er nun stets aktuelle Daten zur Verfügung hatte statt veralteter Monatsberichte.

Die konzeptionelle Gestaltung Ihres Budget-Cockpits folgt idealerweise diesem mehrstufigen Prozess:

1. **Anforderungen definieren**

   - Bestimmen Sie die wichtigsten Kennzahlen für Ihre geschäftlichen Entscheidungen
   - Identifizieren Sie die relevanten Datenquellen und Aktualisierungsfrequenzen
   - Klären Sie die notwendigen Detailebenen und Filtermöglichkeiten

2. **Datenstruktur optimieren**

- Passen Sie Ihre Datenblätter für automatisierte Abfragen an
- Implementieren Sie einheitliche Benennungen und Referenzen
- Schaffen Sie klare Trennungen zwischen Rohdaten und Auswertungslogik

3. **Dashboards konzipieren**

- Entwerfen Sie eine intuitive visuelle Hierarchie mit den wichtigsten KPIs im Fokus
- Planen Sie interaktive Elemente für Drill-Down-Analysen
- Integrieren Sie Ampelsysteme für Statusvisualisierungen

4. **Automatisierungen implementieren**

- Entwickeln Sie Formeln für automatische Datenaktualisierungen
- Erstellen Sie zeitgesteuerte Berichte mit vordefinierten Layouts
- Implementieren Sie Benachrichtigungsmechanismen für Abweichungen

Die technische Umsetzung in Google Sheets nutzt verschiedene Funktionen und Techniken. Ein Produktionsbetrieb implementierte auf meine Empfehlung ein hierarchisches System mit drei Ebenen:

- **Ebene 1**: Rohdatenblätter mit IMPORTRANGE-Funktionen zur automatischen Datenintegration
- **Ebene 2**: Verarbeitungsblätter mit komplexen Formeln und QUERY-Funktionen
- **Ebene 3**: Dashboard-Blätter mit Diagrammen, Pivot-Tabellen und Statusanzeigen

Diese klare Trennung gewährleistete Übersichtlichkeit und einfache Wartbarkeit trotz komplexer Datenverarbeitung.

Die Datenaktualisierung bildet das Herzstück eines wirklich automatisierten Budget-Cockpits. Hierfür bieten sich mehrere Ansätze an:

- **Manuelle Aktualisierung mit einem Klick:** Durch strategie Nutzung von Referenzen und IMPORTRANGE
- **Zeitplanbasierte Aktualisierung:** Mit Add-ons oder einfachen Skripten
- **Ereignisgesteuerte Aktualisierung:** Bei Änderungen in bestimmten Zellen oder Bereichen

Ein Online-Händler nutzte eine Kombination dieser Methoden und erreichte damit eine nahezu vollständige Automatisierung seiner täglichen Finanzübersichten.

Die visuelle Gestaltung Ihres Dashboards spielt eine entscheidende Rolle für dessen Wirksamkeit. Ich empfehle meinen Kunden stets diese bewährten Prinzipien:

- **Informationshierarchie:** Wichtigste KPIs größer und prominenter platzieren
- **Farbcodierung:** Konsistentes Farbschema mit intuitiven Bedeutungen (rot = kritisch, grün = positiv)
- **Visuelle Gruppierung:** Zusammengehörige Informationen räumlich gruppieren
- **Weißraum:** Ausreichend Platz zwischen Elementen für bessere Lesbarkeit
- **Interaktivität:** Filtermöglichkeiten und Drill-Down-Optionen für tiefere Analysen

Ein Dienstleistungsunternehmen gestaltete sein Dashboard nach diesen Prinzipien und berichtete, dass die Akzeptanz und Nutzung durch das Management-Team signifikant gestiegen war, verglichen mit den früheren texthaltigen Berichten.

Benutzerfreundlichkeit entscheidet über den langfristigen Erfolg Ihres Budget-Cockpits. Ein Handelsunternehmen implementierte auf meine Empfehlung hin verschiedene Navigations- und Usability-Elemente:

- Klickbare Inhaltsverzeichnisse für schnelle Navigation
- Hilfetext-Kommentare für komplexe Kennzahlen
- Konsistente Benennungen und Farbgebungen
- Eingabefelder klar von Ausgabefeldern unterscheidbar
- Dokumentationsblatt mit Erklärungen aller Kennzahlen und Funktionen

Diese benutzerorientierten Elemente sicherten, dass das Dashboard auch bei Personalwechseln nahtlos weitergenutzt werden konnte.

Die Implementierung von Alarmsystemen bringt Ihr Budget-Cockpit auf die nächste Stufe. Ein Fertigungsunternehmen nutzte bedingte Formatierung in Kombination mit WENN-Funktionen, um automatisch auf kritische Situationen hinzuweisen:

=WENN(B5<C5*0,9;"WARNUNG: Budget unterschritten!";"")

Diese einfache Formel erzeugte automatisch Warnhinweise, wenn der Ist-Wert unter 90% des Budget-Werts fiel. Durch farbliche Hervorhebung waren solche Warnungen sofort ersichtlich.

Die Integration von Prognosemodellen vervollständigt Ihr Budget-Cockpit. Ein Beratungsunternehmen bettete Trendprognosen direkt in sein Dashboard ein, indem es historische Daten mit FORECAST-Funktionen analysierte und die Ergebnisse visualisierte. Diese Vorausschau ermöglichte proaktives Handeln statt reaktiver Krisenbewältigung.

Die Verknüpfung verschiedener Datenquellen potenziert den Wert Ihres Cockpits. Mit IMPORTRANGE können Sie Daten aus verschiedenen Google Sheets zusammenführen, während IMPORTHTML oder Add-ons sogar externe Datenquellen integrieren können. Ein Online-Shop verknüpfte seine

Verkaufsdaten mit externen Markttrends und schuf damit ein ganzheitliches Steuerungssystem.

Der Weg zu Ihrem personalisierten Budget-Cockpit beginnt mit einem Prototypen. Starten Sie mit einem einfachen Dashboard, das Ihre wichtigsten KPIs abbildet, und erweitern Sie dieses schrittweise. Ein IT-Unternehmen begann mit einem minimalistischen Dashboard für seine Top-5-Kennzahlen und entwickelte daraus über sechs Monate ein umfassendes Controlling-System mit Drill-Down-Funktionen und automatischen Berichten.

Die Erstellung Ihres Budget-Cockpits ist keine einmalige Aufgabe, sondern ein kontinuierlicher Verbesserungsprozess. Planen Sie regelmäßige Reviews und Anpassungen ein, um neue Anforderungen zu integrieren und veraltete Elemente zu entfernen. Ein Produktionsbetrieb führte quartalweise Dashboard-Reviews ein und hielt sein System dadurch stets relevant und aktuell.

In den folgenden Abschnitten dieses Kapitels werde ich Ihnen im Detail zeigen, wie Sie:

- Ein interaktives Finanz-Dashboard mit Kern-KPIs gestalten
- Automatische Updates für Echtzeit-Einblicke einrichten
- Standardisierte Monats- und Quartalsberichte generieren
- Google Apps Script für wiederkehrende Analyseaufgaben nutzen

Mit diesen Werkzeugen und Techniken werden Sie in der Lage sein, ein vollständig automatisiertes Budget-Cockpit zu erstellen, das Ihnen wertvolle Zeit spart und gleichzeitig die Qualität Ihrer Finanzsteuerung auf eine neue Ebene hebt.

5.1 Dashboard-Design für Entscheider: Wichtige Kennzahlen auf einen Blick Visualisieren

5.1.1 Ein interaktives Finanz-Dashboard mit Kern-KPIs Gestalten

Ein gut gestaltetes Finanz-Dashboard funktioniert wie ein Cockpit eines Flugzeugs – es liefert alle kritischen Informationen auf einen Blick und ermöglicht fundierte Steuerungsentscheidungen. Während meiner Beratung für einen mittelständischen Maschinenbauhersteller erlebte ich einen bemerkenswerten Moment: Der Geschäftsführer blickte auf das neu erstellte Dashboard und sagte: "Jetzt sehe ich mein Unternehmen zum ersten Mal wirklich klar." Innerhalb weniger Sekunden konnte er Liquiditätsentwicklung, Auftragsbestand und Produktionsauslastung erfassen und sofort Handlungsbedarf erkennen.

Die Gestaltung eines wirksamen Finanz-Dashboards in Google Sheets erfordert mehr als nur das Zusammenstellen einiger Diagramme. Es geht um die strategische Auswahl und visuelle Organisation von Kennzahlen, die wirklich entscheidungsrelevant sind. Ein Einzelhändler, mit dem ich zusammenarbeitete, hatte vor unserer Arbeit ein Dashboard mit über 30 verschiedenen Metriken – ein regelrechter Datenüberfluss, der mehr verwirrte als klärte. Nach der Neugestaltung mit sechs sorgfältig ausgewählten KPIs verbesserte sich seine Reaktionszeit auf Marktveränderungen drastisch.

Die Auswahl der richtigen Kern-KPIs bildet das Fundament Ihres Dashboards. Vermeiden Sie den häufigen Fehler, zu viele Kennzahlen einzubeziehen. Ein Online-Dienstleister kam zu mir mit einem überfüllten Sheet voller Zahlen. Nach unserer Analyse reduzierten wir auf fünf zentrale Metriken, die 90% seiner

Entscheidungen beeinflussten. Diese Fokussierung führte zu klareren und schnelleren Entscheidungsprozessen im gesamten Unternehmen.

Für die Entwicklung eines wirkungsvollen Finanz-Dashboards folgen Sie diesem strukturierten Ansatz:

1. **Kernfragen identifizieren**

   - Bestimmen Sie die 3-5 wichtigsten Fragen, die Sie regelmäßig mit Ihren Finanzdaten beantworten müssen
   - Fokussieren Sie auf Kennzahlen, die direkte Handlungsrelevanz besitzen
   - Priorisieren Sie Frühwarnindikatoren, die Probleme ankündigen, bevor sie kritisch werden

2. **Passende KPIs auswählen**

   - Wählen Sie für jede Kernfrage die aussagekräftigsten Kennzahlen
   - Kombinieren Sie vorlaufende (zukunftsgerichtete) und nachlaufende (ergebnismessende) Indikatoren
   - Beschränken Sie sich auf maximal 7-10 KPIs für Ihr Hauptdashboard

3. **Visuelle Hierarchie schaffen**

   - Platzieren Sie die wichtigsten KPIs prominent im oberen Bereich
   - Gruppieren Sie thematisch zusammenhängende Kennzahlen
   - Schaffen Sie eine klare, intuitive Leserichtung von links nach rechts und von oben nach unten

4. **Interaktive Elemente integrieren**

   - Implementieren Sie Filter und Auswahloptionen für flexible Ansichten
   - Erstellen Sie Drill-Down-Möglichkeiten für tiefergehende Analysen

- Bauen Sie bedingte Formatierungen für visuelle Statushinweise ein

Typische Kern-KPIs, die in keinem Finanz-Dashboard fehlen sollten, umfassen:

- **Liquiditätskennzahlen**: Cashflow-Entwicklung, Working Capital, Liquiditätsvorschau
- **Rentabilitätskennzahlen**: Gesamt-EBIT-Marge, Deckungsbeiträge nach Segmenten, Top/Flop-Produkte
- **Aktivitätskennzahlen**: Auftragseingang, Umsatz vs. Vorjahr/Budget, Conversion Rates
- **Effizienz- und Produktivitätskennzahlen**: Durchlaufzeiten, Kapazitätsauslastung, Personalproduktivität
- **Kundenkennzahlen**: Kundenakquisitionskosten, Kundenwert, Beziehungslänge, Wiederkaufrate

Die technische Umsetzung in Google Sheets erfolgt durch eine klare Struktur. Ein Maschinenbauunternehmen, das ich beriet, erstellte sein Dashboard nach diesem bewährten Modell:

1. Dediziertes Dashboard-Tabellenblatt als oberste Ebene
2. Tabellenblätter mit Rohdaten und Berechnungen im Hintergrund
3. Klare Verbindungen zwischen Dashboard und Datenblättern durch SVERWEIS und QUERY-Funktionen
4. Optional: Parametertabelle für anpassbare Schwellenwerte und Filter

Die visuelle Gestaltung Ihres Dashboards spielt eine entscheidende Rolle für dessen Wirksamkeit. Ein Beratungsunternehmen verbesserte sein Dashboard durch diese gestalterischen Prinzipien erheblich:

- **Farbkodierung**: Verwendung eines konsistenten Farbschemas mit intuitiven Farbbedeutungen (grün = gut, gelb = Achtung, rot = kritisch)

- **Größenverhältnisse**: Wichtigere KPIs erhalten mehr Platz und visuelle Präsenz
- **Weißraum**: Gezielte Verwendung von Leerräumen zur Strukturierung und Gruppierung von Informationen
- **Schrift**: Einheitliche, gut lesbare Schriftarten mit klarer Hierarchie durch Größenunterschiede
- **Rahmen und Linien**: Zurückhaltender Einsatz zur Abgrenzung verschiedener Dashboard-Bereiche

Die Integration interaktiver Elemente hebt Ihr Dashboard auf eine neue Ebene. Mit Datenschnitt-Steuerelementen können Sie dynamische Filter einbauen:

1. Klicken Sie auf "Daten" > "Datenschnitt erstellen"
2. Wählen Sie die Spalte, nach der gefiltert werden soll
3. Platzieren Sie das Steuerelement an einer prominenten Stelle im Dashboard
4. Verknüpfen Sie es mit Ihren Diagrammen und Tabellen durch FILTER-Funktionen

Die Implementierung von Statusanzeigen und Trendvisualisierungen verstärkt die Aussagekraft Ihres Dashboards enorm. Ein Handelsunternehmen integrierte diese visuellen Elemente:

- **Ampelsystem**: Farbige Indikatoren zeigen sofort den Status jeder KPI (grün/gelb/rot)
- **Sparklines**: Kleine eingebettete Trendlinien neben den aktuellen Werten zeigen die Entwicklung
- **Pfeil-Indikatoren**: Richtungspfeile signalisieren Verbesserung oder Verschlechterung zum Vorperiodenwert
- **Fortschrittsbalken**: Visualisieren die Erreichung von Zielwerten auf einen Blick

Die Einrichtung von Drill-Down-Funktionen ermöglicht tiefergehende Analysen bei Bedarf. Ein Produktionsbetrieb implementierte dieses mehrstufige System:

1. **Übersichtsebene**: Kernkennzahlen auf dem Hauptdashboard
2. **Detailebene**: Verknüpfte Tabellenblätter mit tiefergehenden Analysen zu jeder KPI
3. **Analyseebene**: Dynamische Pivot-Tabellen für flexible Ad-hoc-Auswertungen

Die Integration durch klickbare Links zwischen diesen Ebenen schuf ein nahtloses Analyseerlebnis.

Die Balance zwischen Komplexität und Benutzerfreundlichkeit entscheidet über den langfristigen Nutzen Ihres Dashboards. Ein IT-Dienstleister überlud sein Dashboard anfangs mit zu vielen technischen Details. Nach unserer Überarbeitung mit Fokus auf Klarheit und Zugänglichkeit stieg die Nutzungsrate im Management-Team um 300%. Technische Tiefe bleibt wichtig, sollte aber auf Anforderung in Drill-Down-Ansichten verfügbar sein, nicht auf der Hauptansicht.

Die Nutzung von Kennzahlenhierarchien strukturiert komplexe Informationen effektiv. Ein Fertigungsunternehmen verwendete folgende Hierarchie:

- **Ebene 1**: Übergeordnete Finanzkennzahlen (EBIT, Umsatz, Cashflow)
- **Ebene 2**: Bereichskennzahlen (Produktionsmarge, Vertriebseffizienz, Einkaufskonditionen)
- **Ebene 3**: Detailkennzahlen (einzelne Produktmargen, Kundenrentabilität, spezifische Kostenpositionen)

Diese Pyramidenstruktur ermöglichte sowohl Überblick als auch gezielten Zugriff auf Details.

Die Integration von Zielvorgaben und Vergleichswerten schafft wichtigen Kontext. Ein Online-Shop ergänzte sein Dashboard um:

- **Budget-Vergleiche**: Aktuelle Werte im Vergleich zu Budgetvorgaben

- **Vorjahresvergleiche**: Year-over-Year-Entwicklung auf einen Blick
- **Branchenbenchmarks**: Positionierung im Wettbewerbsvergleich, wo Daten verfügbar
- **Szenariowerte**: Optimistisch/Pessimistisch-Prognosen als Referenzpunkte

Diese Kontextinformationen transformierten isolierte Zahlen in aussagekräftige Steuerungsinformationen.

Die regelmäßige Überprüfung und Anpassung Ihres Dashboards sichert dessen langfristigen Wert. Ein Dienstleistungsunternehmen etablierte quartalsweise Dashboard-Reviews mit drei Kernfragen:

1. Welche KPIs haben in den letzten Monaten zu konkreten Entscheidungen geführt?
2. Welche Kennzahlen wurden selten oder nie konsultiert?
3. Welche neuen Metriken könnten angesichts veränderter Geschäftsbedingungen wertvoll sein?

Dieser systematische Prozess hielt das Dashboard stets relevant und aktuell.

Die praktische Anwendung der hier vorgestellten Dashboard-Prinzipien hat einem meiner Kunden, einem mittelständischen Online-Händler, geholfen, seine Entscheidungsprozesse grundlegend zu transformieren. Statt wöchentlicher Meetings mit stundenlangen Diskussionen über Zahleninterpretationen konnte das Management-Team nun zentrale Entwicklungen auf einen Blick erfassen und sich auf strategische Diskussionen konzentrieren. Die Entscheidungszyklen verkürzten sich von Wochen auf Tage, was in einer dynamischen Marktumgebung zum entscheidenden Wettbewerbsvorteil wurde.

Im nächsten Abschnitt zeige ich Ihnen, wie Sie automatische Updates für Ihr Dashboard einrichten, um stets aktuelle Echtzeit-Einblicke zu gewährleisten und den manuellen Pflegeaufwand zu minimieren.

5.1.2 Automatische Updates für Echtzeit-Einblicke einrichten

Ein Dashboard ohne aktuelle Daten gleicht einem Sportwagen ohne Benzin – beeindruckend anzuschauen, aber nutzlos für die Fortbewegung. Bei einem meiner ersten Kunden, einem Maschinenbauunternehmen, beobachtete ich ein frustrierendes Ritual: Jeden Montag verbrachte die Controllerin vier Stunden damit, Daten manuell ins Dashboard einzupflegen. Als ich ihr zeigte, wie sie mit einfachen Formeln und Funktionen automatische Updates einrichten konnte, reduzierte sich dieser Aufwand auf 10 Minuten. "Ich hätte nie gedacht, dass Google Sheets so mächtig sein kann", war ihr erstaunter Kommentar.

Die Automatisierung von Datenaktualisierungen bildet das Herzstück eines wirklich effektiven Budget-Cockpits. Statt Ihre wertvolle Zeit mit manueller Dateneingabe zu verschwenden, können Sie Google Sheets so einrichten, dass es kontinuierlich frische Daten liefert und Ihnen jederzeit aktuelle Einblicke gewährt. Diese zeitnahe Verfügbarkeit von Finanzinformationen beschleunigt Ihre Entscheidungsprozesse erheblich.

Die Einrichtung automatischer Updates folgt einem strukturierten Prozess, den ich mit zahlreichen KMUs erfolgreich implementiert habe:

1. **Datenquellen identifizieren**

   - Bestimmen Sie, woher Ihre relevanten Finanzdaten stammen (ERP-System, Buchhaltungssoftware, andere Sheets)
   - Klären Sie die Aktualisierungsfrequenz jeder Datenquelle
   - Prüfen Sie die technischen Möglichkeiten zur automatisierten Datenübertragung

2. Importmechanismen einrichten

- Implementieren Sie passende Formeln für die Datenintegration
- Konfigurieren Sie Zeitpläne für regelmäßige Aktualisierungen
- Schaffen Sie klare Trennungen zwischen Rohdaten und verarbeiteten Daten

3. Fehlertolerante Formeln entwickeln

- Bauen Sie Sicherheitsmechanismen für fehlende oder fehlerhafte Daten ein
- Implementieren Sie Validierungsregeln zur Qualitätssicherung
- Sorgen Sie für Benachrichtigungen bei Datenanomalien

Google Sheets bietet verschiedene Wege zur automatischen Datenaktualisierung. Die IMPORTRANGE-Funktion stellt wohl die wichtigste Methode dar, um Daten aus anderen Sheets zu integrieren. Ein Handelsunternehmen mit mehreren Filialen nutzte diese Funktion, um täglich aktualisierte Verkaufsdaten aus den Filial-Sheets in ein zentrales Management-Dashboard einzubinden:

=IMPORTRANGE("URL_des_Quell-Sheets";"Tabellenblattname!A1:F 100")

Diese einfache Formel ermöglicht es, Daten aus beliebigen Google Sheets nahtlos zu importieren, vorausgesetzt, Sie haben die entsprechenden Zugriffsrechte.

Die automatische Aktualisierung externer Datenquellen erweitert Ihre Möglichkeiten erheblich. Mit der IMPORTHTML-Funktion können Sie beispielsweise Daten direkt von Webseiten importieren:

=IMPORTHTML("https://example.com/finanzdaten";"table";1)

Ein Online-Händler nutzte diese Funktion, um Wechselkurse und Materialpreisindizes automatisch in sein Margendashboard zu integrieren, was präzisere Rentabilitätsprognosen ermöglichte.

Die GOOGLEFINANCE-Funktion bietet direkten Zugriff auf aktuelle Finanzdaten:

```
=GOOGLEFINANCE("CURRENCY:EURUSD")
```

```
=GOOGLEFINANCE("GOOG";"price")
```

Diese Funktion eignet sich hervorragend, um Wechselkurse, Aktienkurse oder andere Finanzmarktdaten in Ihr Dashboard zu integrieren – ideal für Unternehmen mit internationalen Geschäftsbeziehungen oder Abhängigkeiten von bestimmten Rohstoffpreisen.

Die zeitgesteuerte Aktualisierung von Sheets erfordert oft spezielle Add-ons oder simple Skripte. Ein Produktionsbetrieb implementierte ein solches Add-on, das sein Dashboard automatisch um 6 Uhr morgens aktualisierte, sodass der Geschäftsführer beim Eintreffen bereits tagesaktuelle Zahlen vorfand. Diese Automatisierung veränderte die morgendliche Besprechungskultur grundlegend, da nun alle Entscheidungen auf Basis aktueller Daten getroffen werden konnten.

Die fehlertolerante Datenintegration spielt eine entscheidende Rolle für robuste Dashboards. Nichts ist frustrierender als ein Dashboard, das wegen fehlender Daten komplett zusammenbricht. Mit der WENNFEHLER-Funktion können Sie solche Situationen elegant abfangen:

```
=WENNFEHLER(IMPORTRANGE("URL";"Bereich");"Daten werden aktualisiert...")
```

Diese Formel zeigt einen benutzerfreundlichen Hinweis statt einer kryptischen Fehlermeldung, wenn die Datenquelle temporär nicht verfügbar ist.

Die Validierung importierter Daten sichert die Integrität Ihres Dashboards. Ein Beratungsunternehmen implementierte automatische Prüfroutinen, die ungewöhnliche Wertsprünge markierten:

=WENN(ABS((B2-B3)/B3)>0,2;"PRÜFEN!";"")

Diese einfache Formel markierte alle Werte, die sich um mehr als 20% zum Vortag verändert hatten, und verhinderte so, dass fehlerhafte Daten unbemerkt ins Dashboard einflossen.

Die Kombination mehrerer Datenquellen in einem einheitlichen Format stellt oft eine Herausforderung dar. Mit der ARRAYFORMULA-Funktion können Sie Transformationen auf ganze Datenbereiche anwenden:

=ARRAYFORMULA(WENN(NICHT(ISEMPTY(A2:A));TEXT(B2:B;"#. ##0,00 €");""))

Diese Formel standardisiert automatisch die Formatierung importierter Zahlenwerte und sorgt für ein konsistentes Erscheinungsbild in Ihrem Dashboard.

Die Nachverfolgung von Datenaktualisierungen erhöht die Transparenz Ihres Systems. Ein Handelsunternehmen fügte seinem Dashboard einen Statusbereich hinzu, der den Zeitpunkt der letzten Aktualisierung jeder Datenquelle anzeigte:

="Letzte Aktualisierung: "&TEXT(JETZT();"DD.MM.YYYY HH:MM")

Diese einfache Zeitstempelung schuf Vertrauen in die Aktualität der angezeigten Daten und verhinderte Missverständnisse bei der Interpretation.

Die automatische Benachrichtigung bei kritischen Veränderungen vervollständigt Ihr Echtzeit-Dashboard. Ein Produktionsbetrieb richtete bedingte Formatierungen ein, die kritische Abweichungen vom Budget sofort farblich hervorhoben. Ergänzend dazu implementierten wir ein einfaches Skript, das bei Unterschreitung bestimmter Schwellenwerte automatisch eine E-Mail an die Verantwortlichen sendete. Diese proaktive Alarmierung ermöglichte frühzeitiges Eingreifen bei problematischen Entwicklungen.

Die Kaskadierung von Datenaktualisierungen optimiert die Performance Ihres Systems. Ein umfangreiches Dashboard mit zahlreichen Datenquellen kann durch gleichzeitige Aktualisierungen verlangsamt werden. Ein E-Commerce-Unternehmen löste dieses Problem durch gestaffelte Updates:

1. Kernkennzahlen (Umsatz, Conversion) alle 30 Minuten
2. Sekundäre Metriken (Produktkategorien, Margen) zweimal täglich
3. Detailanalysen (Kundengruppen, Lagerbestand) einmal täglich

Diese Priorisierung gewährleistete, dass die wichtigsten Informationen stets aktuell waren, ohne das System zu überlasten.

Die Zugriffsrechte auf Datenquellen spielen eine entscheidende Rolle bei der Automatisierung. Für die IMPORTRANGE-Funktion müssen Sie beispielsweise Zugriffsberechtigungen zwischen den Sheets erteilen. Ein Dienstleistungsunternehmen schuf eine klare Berechtigungsstruktur:

- Nur Leserechte für Datenquellen-Sheets (Schutz vor versehentlichen Änderungen)
- Bearbeitungsrechte für das Dashboard nur für verantwortliche Controller
- Betrachterrechte für das Management-Team

Diese durchdachte Rechteverwaltung sicherte sowohl die Datenintegrität als auch die breite Nutzbarkeit des Dashboards.

Die Verknüpfung mit externen Anwendungen erweitert die Möglichkeiten Ihres Echtzeit-Dashboards erheblich. Mit Zapier oder ähnlichen Diensten können Sie Daten aus verschiedensten Quellen wie CRM-Systemen, E-Mail-Marketing-Tools oder Projektmanagement-Software in Ihr Google Sheet importieren. Ein Online-Shop verknüpfte so seine Shopify-Daten direkt mit dem Finanz-Dashboard, was eine ganzheitliche Sicht auf die Performance ermöglichte.

Die Implementierung eines Änderungsprotokolls dokumentiert die Entwicklung Ihrer Kennzahlen. Ein mittelständisches Unternehmen fügte seinem Dashboard ein separates Tabellenblatt hinzu, das alle wichtigen Metriken täglich archivierte. Diese historische Perspektive ermöglichte langfristige Trendanalysen und das Erkennen zyklischer Muster, die in der reinen Tagesbetrachtung unsichtbar geblieben wären.

Die praktische Anwendung der hier vorgestellten Techniken hat einem meiner Kunden, einem mittelständischen Produktionsbetrieb, geholfen, seine Reaktionszeit auf Marktveränderungen von Wochen auf Tage zu reduzieren. Das automatisierte Dashboard ermöglichte es dem Management-Team, Trends frühzeitig zu erkennen und proaktiv statt reaktiv zu handeln. Die Wettbewerbsfähigkeit des Unternehmens verbesserte sich spürbar, da es schneller auf Chancen und Risiken reagieren konnte.

Im nächsten Abschnitt zeige ich Ihnen, wie Sie standardisierte Monats- und Quartalsberichte generieren können, die auf Ihrem Echtzeit-Dashboard aufbauen und Ihnen helfen, Ihre Finanzsteuerung weiter zu professionalisieren und zu automatisieren.

5.2 AUTOMATISIERTE BERICHTE ERSTELLEN: ZEIT SPAREN UND FEHLERQUELLEN MINIMIEREN

5.2.1 STANDARDISIERTE MONATS- UND QUARTALSBERICHTE GENERIEREN

Regelmäßige Finanzberichte bilden das Rückgrat einer professionellen Unternehmenssteuerung. Ein mittelständischer Produktionsbetrieb, den ich betreute, verbrachte monatlich fast drei volle Arbeitstage mit der manuellen Erstellung von Monatsberichten. Diese Zeitverschwendung endete abrupt, als wir standardisierte Berichtsvorlagen in Google Sheets implementierten. "Früher haben wir drei Tage für die Berichtserstellung gebraucht, heute sind es dreißig Minuten", berichtete der Geschäftsführer begeistert. Die gewonnene Zeit investierte das Unternehmen in strategische Planungen, was innerhalb eines Jahres zu einer Umsatzsteigerung von 18% führte.

Die Kunst der automatisierten Berichtserstellung liegt in der Kombination aus solider Struktur und cleveren Formeln. Google Sheets bietet alle nötigen Funktionen, um wiederkehrende Berichte weitgehend zu automatisieren und gleichzeitig optisch ansprechend zu gestalten. Mit meiner DeepSeek-Methodik helfe ich Unternehmen, dieses Potenzial voll auszuschöpfen.

Standardisierte Berichte schaffen nicht nur Zeitersparnisse, sondern minimieren auch Fehlerquellen. Ein Handelsunternehmen kämpfte jahrelang mit inkonsistenten Monatsberichten, da verschiedene Mitarbeiter unterschiedliche Berechnungsmethoden verwendeten. Nach der Einführung einer einheitlichen Berichtsvorlage in Google Sheets sank die Fehlerquote um 94%, was die Glaubwürdigkeit der Finanzberichterstattung im Unternehmen signifikant steigerte.

Die Entwicklung standardisierter Monats- und Quartalsberichte folgt einem strukturierten Prozess:

1. **Informationsbedarf analysieren**

   - Ermitteln Sie, welche Kennzahlen für Ihre Entscheidungen wirklich relevant sind
   - Klären Sie den Detaillierungsgrad für verschiedene Berichtsempfänger
   - Definieren Sie die optimale Berichtsfrequenz für jede Kennzahl

2. **Berichtsstruktur konzipieren**

   - Gestalten Sie eine klare visuelle Hierarchie mit den wichtigsten KPIs im Fokus
   - Entwickeln Sie ein konsistentes Layout für alle wiederkehrenden Berichte
   - Planen Sie sinnvolle Vergleichsdaten (Vorperiode, Budget, Vorjahr)

3. **Automatisierungspotenzial erschließen**

   - Identifizieren Sie manuelle Schritte, die automatisiert werden können
   - Implementieren Sie Formeln für wiederkehrende Berechnungen
   - Erstellen Sie automatische Datenabrufe aus verschiedenen Quellen

4. **Berichtsvorlagen implementieren**

   - Erstellen Sie Mustervorlagen für Monats-, Quartals- und Jahresberichte
   - Entwickeln Sie einheitliche Formatierungen für konsistentes Erscheinungsbild
   - Integrieren Sie Anweisungen für zukünftige Nutzer direkt in die Vorlagen

Die praktische Umsetzung in Google Sheets beginnt mit einem klaren Konzept. Ein Maschinenbauunternehmen implementierte auf meine Empfehlung eine dreistufige Berichtsstruktur:

- **Management Summary** (1 Seite): Die wichtigsten KPIs auf einen Blick für Geschäftsführung
- **Detailbericht** (3-5 Seiten): Ausführliche Analysen für Abteilungsleiter
- **Rohdaten-Appendix**: Vollständige Datenbasis für Controller und Spezialauswertungen

Diese klare Struktur stellte sicher, dass jeder Empfänger genau die Informationen erhielt, die für seine Entscheidungen relevant waren, ohne von unnötigen Details überflutet zu werden.

Google Sheets bietet leistungsstarke Funktionen für die automatisierte Berichtserstellung. Die IMPORTRANGE-Funktion ermöglicht es, Daten aus verschiedenen Quell-Sheets automatisch in Ihre Berichtsvorlage zu importieren:

=IMPORTRANGE("URL_des_Quell-Sheets";"Tabellenblattname!A1:F 100")

Ein Dienstleistungsunternehmen nutzte diese Funktion, um Daten aus der Zeiterfassung, dem Vertriebscontrolling und der Buchhaltung automatisch in seinen Monatsbericht zu integrieren, was die manuelle Dateneingabe komplett eliminierte.

Die Verwendung von Berichtsstichtagen schafft Konsistenz in Ihrer Berichterstattung. Mit der HEUTE()-Funktion in Kombination mit MONATSENDE oder benutzerdefinierten Datumsfunktionen können Sie dynamische Berichtszeiträume definieren:

=MONATSENDE(HEUTE();0) // Letzter Tag des aktuellen Monats

=DATUM(JAHR(HEUTE());MONAT(HEUTE())-1;1) // Erster Tag des Vormonats

Ein Einzelhandelsunternehmen nutzte diese Funktionen, um automatisch den korrekten Berichtszeitraum in allen Berichten anzuzeigen, unabhängig davon, wann der Bericht erstellt wurde.

Die visuelle Gestaltung standardisierter Berichte folgt bestimmten Prinzipien:

- **Konsistentes Farbschema**: Verwenden Sie unternehmensspezifische Farben und einheitliche Farbcodes (z.B. grün für positive, rot für negative Abweichungen)
- **Klare typografische Hierarchie**: Differenzieren Sie durch Schriftgrößen und -stärken zwischen Überschriften, Zwischenüberschriften und Detaildaten
- **Ausgewogene Informationsdichte**: Finden Sie die Balance zwischen Vollständigkeit und Übersichtlichkeit
- **Gezielte Hervorhebungen**: Lenken Sie die Aufmerksamkeit durch Formatierung auf besonders relevante Kennzahlen

Die Integration von Plan-Ist-Vergleichen bildet das Herzstück jedes aussagekräftigen Monatsberichts. Ein Online-Händler implementierte eine Berichtsvorlage mit dieser Struktur:

1. Spalte A: Kennzahlenbezeichnung
2. Spalte B: Ist-Wert aktueller Monat
3. Spalte C: Plan-Wert aktueller Monat
4. Spalte D: Absolute Abweichung (B-C)
5. Spalte E: Relative Abweichung in % ((B-C)/C)
6. Spalte F: Vorjahreswert gleicher Monat
7. Spalte G: Veränderung zum Vorjahr in %

Diese übersichtliche Darstellung ermöglichte sofortige Erkenntnisse zu Planabweichungen und Jahresvergleichen auf einen Blick.

Die automatische Berechnung kumulierter Werte steigert die Aussagekraft Ihrer Berichte erheblich. Mit der

SUMMEWENN-Funktion können Sie Jahr-bis-Datum-Werte automatisch berechnen:

=SUMMEWENN(Datumsbereich;" 10% negativ

* Gelb für Abweichungen 5-10% negativ

* Grün für positive Abweichungen > 5%

Diese visuelle Codierung ermöglicht es dem Betrachter, kritische Bereiche sofort zu identifizieren, ohne sich durch Zahlenkolonnen arbeiten zu müssen.

Die Integration von Trendvisualisierungen ergänzt Momentaufnahmen um zeitliche Perspektiven. Ein Handelsunternehmen fügte seinem Monatsbericht Mini-Sparklines neben jeder Kernkennzahl hinzu:

=SPARKLINE(B2:M2;{"lineColor";"blue";"highlightSpot";TRUE})

Diese kompakten Trendlinien zeigten sofort, ob sich eine Kennzahl verbessert oder verschlechtert, unabhängig vom aktuellen Absolutwert.

Die automatische Generierung von Berichtskommentaren spart wertvolle Zeit. Mit WENN-Funktionen können Sie kontextspezifische Kommentare zu Kennzahlen erstellen:

=WENN(E20,05;"Positive Entwicklung","")))

Diese automatischen Kommentare bieten sofortige Interpretationshilfen und beschleunigen die Berichtserstellung erheblich.

Die termingerechte Verteilung von Berichten schließt den Automatisierungskreislauf. Mit Add-ons wie "Schedule Sheets" oder einfachen Skripten können Sie die automatische Versendung von Berichten per E-Mail zu festgelegten Terminen einrichten. Ein Dienstleistungsunternehmen automatisierte den Versand seiner Wochenberichte jeden Montag um 8 Uhr, sodass das Management bereits mit aktuellen Zahlen in die Woche starten konnte.

Die Erstellung standardisierter Berichtsvorlagen sollte iterativ erfolgen. Ein Online-Shop begann mit einer einfachen Monatsberichtsvorlage und erweiterte diese schrittweise um zusätzliche Analysen und Visualisierungen. Nach sechs Monaten verfügte das Unternehmen über ein vollständig automatisiertes Berichtssystem mit täglichen, wöchentlichen und monatlichen Reports für verschiedene Zielgruppen.

Die Dokumentation Ihrer Berichtslogik sichert Kontinuität bei Personalwechseln. Ein Produktionsbetrieb fügte seiner Berichtsvorlage ein Tabellenblatt "Dokumentation" hinzu, das alle Berechnungslogiken, Datenquellen und Aktualisierungsanweisungen enthielt. Diese Transparenz stellte sicher, dass die Berichte auch bei Abwesenheit des Controllers korrekt erstellt werden konnten.

Die praktische Anwendung der hier vorgestellten Techniken zur standardisierten Berichtserstellung hat einem meiner Kunden, einem mittelständischen Handelsunternehmen, geholfen, seine Berichtsqualität deutlich zu verbessern und gleichzeitig den Zeitaufwand um 85% zu reduzieren. Die konsistenten, fehlerfreien und zeitnah verfügbaren Berichte bildeten die Grundlage für bessere Managemententscheidungen und trugen maßgeblich zu einer Steigerung der Gesamtrentabilität bei.

Im nächsten Abschnitt zeige ich Ihnen, wie Sie mit grundlegenden Google Apps Script-Kenntnissen noch einen Schritt weiter gehen und wiederkehrende Analyseaufgaben vollständig automatisieren können, selbst ohne Programmierkenntnisse.

5.2.2 GOOGLE APPS SCRIPT FÜR WIEDERKEHRENDE ANALYSEAUFGABEN NUTZEN (GRUNDLAGEN)

Die Automatisierung wiederkehrender Analyseaufgaben markiert den Gipfel effizienter Finanzsteuerung. Ein IT-Dienstleister aus meiner Beratungspraxis verbrachte wöchentlich über vier Stunden damit, Daten aus verschiedenen Quellen in sein Google Sheet zu kopieren und dann manuelle Berechnungen durchzuführen. Nach einer kurzen Einführung in Google Apps Script konnte er diesen Prozess vollständig automatisieren. "Ich hätte nie gedacht, dass ich mit meinen begrenzten Programmierkenntnissen so etwas umsetzen könnte", war sein erstauntes Fazit, als das Script seine erste automatische Analyse fehlerfrei durchführte.

Google Apps Script ist ein verborgener Schatz im Google Workspace-Ökosystem. Diese JavaScript-basierte Plattform ermöglicht Ihnen, über die regulären Formeln und Funktionen hinauszugehen und echte Automatisierung in Ihre Sheets zu bringen. Sie benötigen dafür keine tiefgreifenden Programmierkenntnisse, sondern nur die Bereitschaft, einige grundlegende Konzepte zu erlernen.

Die Einsatzmöglichkeiten von Apps Script für Finanzanalysen sind vielfältig und transformativ. Ein Handelsunternehmen automatisierte mit meiner Unterstützung seinen kompletten wöchentlichen Finanzreport. Das Script holte automatisch Verkaufsdaten aus dem Online-Shop, aktualisierte Bestände aus dem Warenwirtschaftssystem und berechnete alle relevanten Kennzahlen, bevor es einen formatierten Bericht per E-Mail an die Geschäftsführung sendete. Die gesamte Prozedur lief ohne menschliches Zutun und sparte dem Controller jede Woche einen halben Arbeitstag.

Der Einstieg in Google Apps Script folgt diesem bewährten Prozess:

1. **Mit dem Script-Editor vertraut werden**

   - Öffnen Sie Ihr Google Sheet und klicken Sie auf "Erweiterungen" > "Apps Script"
   - Machen Sie sich mit der Oberfläche vertraut, die einem einfachen Code-Editor ähnelt
   - Betrachten Sie das automatisch generierte Beispielskript als ersten Lerninhalt

2. **Erste Schritte mit einfachen Funktionen**

   - Beginnen Sie mit einer einfachen benutzerdefinierten Funktion
   - Testen Sie grundlegende Manipulationen von Sheet-Daten
   - Führen Sie kleine Skripte aus, um Vertrauen zu gewinnen

3. **Komplexere Automatisierungen entwickeln**

   - Bauen Sie schrittweise auf Ihrem Wissen auf
   - Kombinieren Sie mehrere Funktionen zu einem Workflow
   - Integrieren Sie Zeitsteuerung für automatische Ausführung

Die Erstellung einer benutzerdefinierten Funktion bietet einen sanften Einstieg in Apps Script. Ein Produktionsbetrieb, mit dem ich arbeitete, benötigte eine spezielle Rabattberechnung, die mit Standardformeln umständlich war. Wir entwickelten eine einfache Funktion:

```
function RABATTPREIS(preis, rabattProzent) {

// Rabatt als Dezimalzahl umrechnen

var rabattDezimal = rabattProzent / 100;


// Rabattierten Preis berechnen

var rabattierterPreis = preis * (1 - rabattDezimal);


// Ergebnis formatieren und zurückgeben

return rabattierterPreis;

}
```

Diese Funktion konnte dann direkt in Zellen verwendet werden: `=RABATTPREIS(A2, B2)`. Die Möglichkeit, eigene Funktionen zu erstellen, erweitert die Möglichkeiten von Google Sheets erheblich und vereinfacht komplexe Berechnungen.

Die Automatisierung von Datenimporten spart wertvolle Zeit. Ein Online-Shop importierte täglich manuell Verkaufsdaten in sein Google Sheet. Mit diesem einfachen Script automatisierten wir den Prozess:

```
function datenImportieren() {

// API-URL für den Datenabruf

var apiUrl = 'https://meineapi.de/verkaufsdaten';


// Daten abrufen

var response = UrlFetchApp.fetch(apiUrl, {
```

```
method: 'get',

headers: { 'Authorization': 'Bearer MEIN_API_KEY' }

});


// Daten verarbeiten und in Sheet einfügen

var daten = JSON.parse(response.getContentText());

               var          sheet          =
SpreadsheetApp.getActiveSpreadsheet().getSheetByName('Verkauf
sdaten');


// Daten in Sheet schreiben

// [Details zur Datenverarbeitung]

}
```

Die Einrichtung zeitgesteuerter Ausführungen vervollständigt die Automatisierung. Google Apps Script ermöglicht es, Skripte zu festgelegten Zeiten automatisch auszuführen:

1. Öffnen Sie Ihren Script-Editor
2. Klicken Sie auf "Trigger" (Uhr-Symbol) im linken Menü
3. Erstellen Sie einen neuen Trigger mit "Trigger hinzufügen"
4. Wählen Sie die Funktion, den Ereignistyp "Zeitgesteuert" und die gewünschte Frequenz

Ein Beratungsunternehmen richtete ein Script ein, das jeden Montag um 6 Uhr morgens lief und den wöchentlichen Finanzbericht erstellte, sodass die Geschäftsführung bei Arbeitsbeginn bereits aktuelle Zahlen vorfand.

Die E-Mail-Integration bildet einen mächtigen Bestandteil automatisierter Workflows. Mit wenigen Codezeilen können Sie Google Sheets anweisen, Berichte automatisch per E-Mail zu versenden:

```
function berichtVersenden() {

  // Aktuelles Spreadsheet und Email-Empfänger

  var sheet = SpreadsheetApp.getActiveSpreadsheet();

  var empfaenger = "geschaeftsfuehrung@firma.de";


  // PDF-Version erstellen

  var pdf = DriveApp.getFileById(sheet.getId()).getAs('application/pdf');


  // Email senden

  MailApp.sendEmail({

    to: empfaenger,

    subject: "Wöchentlicher Finanzbericht " + new Date().toLocaleDateString(),

    body: "Im Anhang finden Sie den aktuellen Finanzbericht.",

    attachments: [pdf]

  });

}
```

Die Datenvalidierung und -bereinigung stellt eine wertvolle Anwendung von Apps Script dar. Ein Handelsunternehmen kämpfte mit inkonsistenten Datenformaten, die zu Berechnungsfehlern führten. Wir entwickelten ein Script, das automatisch die Daten standardisierte:

```
function datenBereinigen() {

  var sheet = SpreadsheetApp.getActiveSheet();

  var datenBereich = sheet.getRange("A2:D100");

  var werte = datenBereich.getValues();


  for (var i = 0; i < werte.length; i++) {

    // Bereinigung der Währungsbeträge

    if (werte[i][2] !== "") {

      werte[i][2] = parseFloat(String(werte[i][2]).replace(',', '.'));

    }


    // Standardisierung der Datumswerte

    // [weitere Bereinigungsschritte]

  }


  datenBereich.setValues(werte);

}
```

Die Erstellung benutzerdefinierter Menüs erhöht die Benutzerfreundlichkeit Ihrer Scripts erheblich. Anstatt den Script-Editor zu öffnen, können Ihre Kollegen Funktionen direkt aus dem Sheet-Menü aufrufen:

```
function onOpen() {

 var ui = SpreadsheetApp.getUi();

 ui.createMenu('Finanzanalyse')

  .addItem('Monatsbericht erstellen', 'erstelleMonatsbericht')

  .addItem('Daten aktualisieren', 'datenAktualisieren')

  .addItem('Bericht per E-Mail senden', 'berichtVersenden')

  .addToUi();

}
```

Diese Funktion wird automatisch beim Öffnen des Sheets ausgeführt und fügt ein benutzerdefiniertes Menü "Finanzanalyse" hinzu. Ein Produktionsbetrieb nutzte diesen Ansatz, um komplexe Analysen für nicht-technische Mitarbeiter zugänglich zu machen.

Die Integration von Daten aus mehreren Sheets ermöglicht umfassendere Analysen. Ein Dienstleistungsunternehmen mit separaten Sheets für verschiedene Abteilungen nutzte Apps Script, um diese Daten zu konsolidieren:

```
function datenKonsolidieren() {

 // IDs der Quell-Spreadsheets

 var quellIDs = [

  '1abc...xyz', // Vertrieb

  '2def...uvw', // Produktion

  '3ghi...rst' // Verwaltung

 ];
```

```
// Ziel-Spreadsheet

var                zielSheet              =
SpreadsheetApp.getActiveSpreadsheet().getSheetByName('Konsoli
diert');


// Daten aus allen Quellen sammeln und konsolidieren

// [Details zur Konsolidierung]
}
```

Die Erstellung von Berichten mit dynamischen Diagrammen hebt Ihre Analysen auf ein neues Niveau. Apps Script kann nicht nur Daten verarbeiten, sondern auch Diagramme erstellen und aktualisieren:

```
function diagrammErstellen() {

  var sheet = SpreadsheetApp.getActiveSheet();


  // Vorhandene Diagramme löschen

  var charts = sheet.getCharts();

  for (var i = 0; i < charts.length; i++) {

    sheet.removeChart(charts[i]);

  }


  // Neues Diagramm erstellen

  var bereich = sheet.getRange("A1:B10");

  var diagramm = sheet.newChart()
```

```
.setChartType(Charts.ChartType.LINE)

.addRange(bereich)

.setPosition(5, 5, 0, 0)

.build();


sheet.insertChart(diagramm);
}
```

Der schrittweise Einstieg in Apps Script beginnt am besten mit kleinen, überschaubaren Projekten. Ein Controller eines mittelständischen Betriebs begann mit einem einfachen Script zur Formatierung seiner Daten und erweiterte sein Wissen kontinuierlich, bis er komplexe Automationen erstellen konnte. Dieser evolutionäre Ansatz verhindert Überforderung und baut Vertrauen in Ihre Fähigkeiten auf.

Die praktische Anwendung von Apps Script hat einem meiner Kunden, einem mittelständischen Handelsunternehmen, geholfen, seinen monatlichen Reporting-Aufwand von drei Tagen auf wenige Stunden zu reduzieren. Die freigewordene Zeit investierte das Team in die Analyse der Daten und die Entwicklung von Strategien, was zu fundierten Geschäftsentscheidungen und letztlich zu einer Umsatzsteigerung von 14% führte.

Mit den Grundlagen von Google Apps Script haben Sie nun alle Werkzeuge kennengelernt, um Ihr intelligentes Budget-Cockpit in Google Sheets aufzubauen und Ihre Finanzsteuerung zu automatisieren. Die Kombination aus strukturierter Datenaufbereitung, aussagekräftigen Visualisierungen, tiefgehenden Analysen, datengestützten Entscheidungen und automatisierten Workflows bildet ein mächtiges System zur Optimierung Ihrer finanziellen Ergebnisse.

SCHLUSSFOLGERUNG

Stellen Sie sich vor, Sie stehen am Gipfel eines Berges. Hinter Ihnen liegt der steile, manchmal beschwerliche Weg, den wir gemeinsam zurückgelegt haben. Die anfänglichen Unsicherheiten, die komplexen Formeln und die strukturellen Herausforderungen gehören der Vergangenheit an. Vor Ihnen breitet sich eine Landschaft voller Möglichkeiten aus – Ihre finanziellen Daten, die nicht länger ein undurchdringlicher Dschungel sind, sondern ein klargezeichnetes Territorium, das Sie nun souverän navigieren können.

Diese Reise durch die intelligente Budgetverwaltung mit Google Sheets war mehr als nur eine technische Einführung. Sie haben nicht nur Werkzeuge kennengelernt, sondern eine völlig neue Denkweise über Ihre Unternehmensfinanzen entwickelt. Von der einfachen Dokumentation von Einnahmen und Ausgaben sind Sie zu einer strategischen, datengestützten Profitsteuerung fortgeschritten, die Ihr Unternehmen auf eine neue Stufe heben kann.

Der Wandel von reaktiver Kostenkontrolle zu proaktiver Gewinnmaximierung markiert einen fundamentalen Paradigmenwechsel in der finanziellen Führung Ihres Unternehmens. Schauen wir zurück auf die Transformation, die wir gemeinsam durchlaufen haben, und blicken wir nach vorn auf das, was vor Ihnen liegt.

Die Grundlagen, die wir zu Beginn etabliert haben, bilden das solide Fundament Ihrer neuen Finanzsteuerung. Die sorgfältige Strukturierung Ihrer Daten, die konsistenten Kategorien und die durchdachten Vorlagen haben den Boden bereitet für alle darauf aufbauenden Analysen. Ich erinnere mich an einen Handwerksmeister, der anfangs skeptisch war: "Muss ich wirklich jede Schraube kategorisieren?" Nach drei Monaten mit der neuen Struktur sagte er: "Endlich sehe ich schwarz auf weiß, welche Auftragstypen mir Geld bringen und welche mich Zeit kosten."

Die ersten Einblicke durch grundlegende Rentabilitätsanalysen haben Ihnen gezeigt, wie schnell Sie mit den richtigen Kennzahlen und Visualisierungen Klarheit gewinnen können. Die Berechnung von Brutto- und Nettomargen, die Deckungsbeitragsrechnung und die visuellen Darstellungen durch Diagramme und Pivot-Tabellen haben verborgene Muster in Ihren Finanzdaten ans Licht gebracht. Eine Einzelhändlerin beschrieb diesen Moment treffend: "Es war, als hätte jemand plötzlich das Licht eingeschaltet in einem Raum, in dem ich mich jahrelang im Dunkeln vorwärts getastet hatte."

Mit der DeepSeek-Methodik zur Tiefenanalyse haben Sie gelernt, noch tiefer in Ihre Daten einzutauchen und verborgene Profit-Quellen sowie versteckte Kostenfresser zu identifizieren. Die Rentabilitäts-Matrix hat Ihnen gezeigt, welche Kunden und Produkte wirklich zu Ihrem Erfolg beitragen. Die Mustererkennung hat Ihnen geholfen, systematische Ursachen für Budgetabweichungen zu finden und indirekte Kosten fair zuzuordnen. Ein Produktionsbetrieb konnte durch diese Methoden seine Gesamtmarge innerhalb eines Jahres um beeindruckende 7 Prozentpunkte steigern – ohne einen einzigen neuen Kunden zu gewinnen.

Der Übergang vom Wissen zum Handeln bildete einen entscheidenden Wendepunkt. Sie haben gelernt, aus Ihren Analysen konkrete Handlungsfelder abzuleiten und datengestützte Strategien zur Profitmaximierung zu entwickeln. Die Anpassung von Preisstrategien basierend auf Rentabilitätsdaten, die gezielte Ressourcenallokation auf profitable Bereiche und die Szenario-Planung zur Simulation verschiedener

Entscheidungsoptionen haben Ihnen die Werkzeuge an die Hand gegeben, um nicht nur zu verstehen, sondern aktiv zu steuern.

Und schließlich haben Sie mit dem Budget-Cockpit den Schlussstein Ihrer Finanzsteuerung gesetzt. Durch das Dashboard-Design, die automatischen Updates und die automatisierten Berichte haben Sie ein System geschaffen, das Ihnen kontinuierlich aktuelle Einblicke liefert und manuelle Arbeit minimiert. Die Grundlagen von Google Apps Script haben Ihnen gezeigt, wie Sie wiederkehrende Analyseaufgaben automatisieren können, um noch mehr Zeit für strategische Entscheidungen zu gewinnen.

Die wahre Bedeutung dieser Reise liegt jedoch nicht in den technischen Fähigkeiten, die Sie erworben haben, sondern in der grundlegenden Veränderung Ihrer Perspektive auf Finanzdaten. Wo früher oft Unsicherheit, Bauchgefühl und reactive Handlungen standen, steht nun Klarheit, Vertrauen und proaktive Steuerung.

Die finanzielle Landkarte, die sich nun vor Ihnen ausbreitet, bietet zahlreiche Wege zur weiteren Erkundung und Optimierung. Ich möchte Ihnen drei konkrete Richtungen aufzeigen, in die Ihre Reise nun weitergehen kann:

1. **Kontinuierliche Verfeinerung Ihrer Datenstruktur**

   - Überprüfen Sie regelmäßig, ob Ihre Kategorien noch alle relevanten Aspekte Ihres Geschäfts abbilden
   - Erweitern Sie Ihre Datenquellen um weitere relevante Informationen, wie Kundenfeedback oder Marktdaten
   - Erhöhen Sie die Granularität in den Bereichen, die sich als besonders profitrelevant erwiesen haben

2. **Experimentieren mit fortgeschrittenen Analysetechniken**

- Testen Sie statistische Methoden wie Regressionsanalysen, um Ursache-Wirkungs-Beziehungen zu identifizieren
- Implementieren Sie einfache Vorhersagemodelle basierend auf Ihren historischen Daten
- Verknüpfen Sie Ihre finanziellen Daten mit operativen Kennzahlen für ein ganzheitlicheres Bild

3. **Teilen und Kollaborieren**

- Beziehen Sie relevante Teammitglieder in Ihre Analysen ein und schulen Sie sie in den Grundprinzipien
- Erstellen Sie spezifische Dashboards für verschiedene Abteilungen oder Verantwortungsbereiche
- Etablieren Sie regelmäßige "Finanzdialoge" basierend auf Ihren DeepSeek-Analysen

Die Zukunft der intelligenten Budgetverwaltung liegt in der nahtlosen Integration aller Unternehmensaspekte in Ihr Finanzsystem. Stellen Sie sich vor, wie Ihre Google Sheets-Lösung durch APIs mit Ihrem CRM-System, Ihrer Zeiterfassung oder Ihrem Warenwirtschaftssystem kommuniziert und so ein vollständig integriertes Ökosystem bildet. Dies ist keine ferne Zukunftsvision, sondern mit den Werkzeugen, die Sie nun beherrschen, bereits in greifbarer Nähe.

Ein besonders spannender Aspekt ist die wachsende Rolle von Künstlicher Intelligenz in der Finanzanalyse. Obwohl wir in diesem Buch nicht tief in KI-gestützte Analysen eingetaucht sind, bilden die DeepSeek-Methoden, die Sie kennengelernt haben, die perfekte Grundlage, um in Zukunft von KI-Werkzeugen zu profitieren. Diese werden nicht Ihre analytischen Fähigkeiten ersetzen, sondern sie verstärken, indem sie Muster erkennen, die selbst dem geschulten Auge verborgen bleiben.

Die Demokratisierung finanzieller Expertise durch zugängliche Tools wie Google Sheets hat eine neue Ära eingeläutet – eine Ära, in der auch kleine und mittlere Unternehmen von Analysemöglichkeiten profitieren können, die früher nur Großkonzernen mit teuren BI-Systemen vorbehalten waren. Sie sind Teil dieser Transformation und haben nun die Werkzeuge, um in dieser neuen Landschaft erfolgreich zu navigieren.

Lassen Sie uns einen Moment innehalten und die persönliche Dimension dieser Reise betrachten. Für viele meiner Kunden war der Weg zu einer intelligenten Budgetverwaltung auch eine persönliche Transformation. Die "Zahlenangst", die viele Unternehmer anfangs verspüren, weicht einem wachsenden Selbstvertrauen und einer Freude an der Entdeckung verborgener Muster und Potenziale. Ein Handwerksmeister drückte es so aus: "Früher habe ich Zahlen gehasst. Jetzt freue ich mich jeden Monat auf meine Finanzanalyse, weil sie mir zeigt, dass meine Entscheidungen wirken."

Diese emotionale Komponente ist nicht zu unterschätzen. Die Klarheit und Kontrolle, die Sie durch eine intelligente Finanzsteuerung gewinnen, reduziert Stress und schafft Raum für Kreativität und Innovation. Die Zeit, die Sie durch Automatisierung sparen, können Sie in die Bereiche Ihres Unternehmens investieren, die Sie wirklich begeistern. Der finanzielle Erfolg wird so zum Enabler Ihrer eigentlichen unternehmerischen Vision.

Ich möchte Sie ermutigen, Ihre neue Finanzexpertise auch als Chance zur Kollaboration zu sehen. Teilen Sie Ihre Erkenntnisse mit Ihrem Team, Ihren Beratern oder sogar Geschäftspartnern. Die transparente Kommunikation finanzieller Zusammenhänge schafft Vertrauen und Alignment. Ein gemeinsames Verständnis der Profit-Mechanismen Ihres Unternehmens kann eine kraftvolle Basis für kollektives Handeln und Wachstum sein.

Denken Sie daran, dass jede Reise aus einzelnen Schritten besteht. Überwältigen Sie sich nicht mit dem Anspruch, alle vorgestellten

Methoden sofort perfekt umzusetzen. Beginnen Sie mit den Bereichen, die für Ihr Unternehmen aktuell am relevantesten sind, und erweitern Sie Ihr Arsenal schrittweise. Die konsequente Anwendung einiger weniger, gut ausgewählter Analysemethoden bringt mehr Wert als der Versuch, alles auf einmal zu implementieren.

Es wird Momente geben, in denen die Daten nicht das zeigen, was Sie erwarten oder hoffen. In solchen Momenten liegt der wahre Wert Ihrer neuen Fähigkeiten. Die Konfrontation mit der finanziellen Realität – so unbequem sie manchmal sein mag – ist der erste Schritt zur Verbesserung. Ein Dienstleistungsunternehmer erzählte mir: "Die Analyse hat gezeigt, dass mein Lieblingsprojekt das unprofitabelste war. Das tat weh, aber ohne diese Erkenntnis hätten wir weiter Geld verloren."

Die Evolution Ihrer finanziellen Steuerung wird nie vollständig abgeschlossen sein. Märkte verändern sich, Geschäftsmodelle entwickeln sich weiter, und neue technologische Möglichkeiten entstehen. Betrachten Sie Ihr DeepSeek-System daher als lebendigen Organismus, der mitwächst und sich anpasst. Planen Sie regelmäßige Reviews ein, bei denen Sie Ihre Struktur, Ihre Kennzahlen und Ihre Analysemethoden kritisch hinterfragen und bei Bedarf anpassen.

Eine besonders wertvolle Übung ist das "Finanz-Retrospektiv". Nehmen Sie sich viertel- oder halbjährlich Zeit, um nicht nur die Zahlen selbst, sondern auch Ihren Umgang mit ihnen zu reflektieren:

- Was hat sich in meiner finanziellen Steuerung besonders bewährt?
- Welche Erkenntnisse haben zu den wertvollsten Veränderungen geführt?
- Welche Analysen haben weniger Wert gebracht als erwartet?

- Welche neuen Fragen sind entstanden, die ich mit meinem System noch nicht beantworten kann?

Diese Reflexion wird Ihre Finanzsteuerung kontinuierlich verfeinern und sicherstellen, dass sie ein präzises Instrument für Ihre spezifischen Bedürfnisse bleibt.

Die Reise der intelligenten Budgetverwaltung ist auch eine Reise des kontinuierlichen Lernens. Die Google Sheets-Plattform entwickelt sich ständig weiter, und neue Funktionen eröffnen regelmäßig zusätzliche Möglichkeiten. Bleiben Sie neugierig und offen für diese Entwicklungen. Online-Communities, Foren und Ressourcen können wertvolle Quellen für neue Ideen und Lösungsansätze sein.

Besonders spannend sind die Schnittstellen zwischen Finanzanalyse und anderen Geschäftsbereichen. Die Integration von Kundendaten, Prozessmetriken oder Marketingkennzahlen in Ihre Finanzanalyse kann völlig neue Perspektiven eröffnen. Ein Online-Händler verknüpfte beispielsweise seine Rentabilitätsanalyse mit Customer-Journey-Daten und entdeckte, dass bestimmte Kundenakquisitionswege systematisch profitablere Kunden brachten – eine Erkenntnis, die seine Marketingstrategie revolutionierte.

In einer Zeit zunehmender wirtschaftlicher Unsicherheit und Volatilität wird die Fähigkeit zur datengestützten finanziellen Steuerung zu einem entscheidenden Wettbewerbsvorteil. Unternehmen, die schnell auf Veränderungen reagieren können, weil sie ihre finanziellen Mechanismen präzise verstehen, werden resilienter sein als solche, die im Nebel der Unsicherheit navigieren. Ihre DeepSeek-Methodologie ist nicht nur ein Werkzeug für gute Zeiten, sondern ein Kompass, der besonders in stürmischen Gewässern seinen Wert beweist.

Lassen Sie mich zum Abschluss eine Analogie teilen, die die Essenz unserer gemeinsamen Reise einfängt. Stellen Sie sich Ihr

Unternehmen als ein Segelboot vor. Früher haben Sie dieses Boot vielleicht hauptsächlich durch Beobachtung des Himmels und basierend auf Erfahrung gesteuert – eine durchaus valide Methode, die viele Segler seit Jahrhunderten anwenden. Doch nun haben Sie ein präzises Navigationssystem installiert, das Ihnen jederzeit Ihre exakte Position, Geschwindigkeit und Richtung anzeigt. Sie können Strömungen erkennen, bevor Sie sie spüren, und optimale Routen berechnen, statt sie zu erahnen.

Das bedeutet nicht, dass Ihre Erfahrung und Intuition nun wertlos wären – ganz im Gegenteil. Sie sind nun in der Lage, Ihre Intuition mit präzisen Daten zu unterfüttern, sodass beide Aspekte sich verstärken statt zu konkurrieren. Die Kunst des Segelns bleibt, aber sie wird nun durch präzise Navigation ergänzt.

In diesem Sinne wünsche ich Ihnen eine erfolgreiche Reise mit Ihrem neuen Navigationssystem. Mögen die Winde des Marktes Ihnen günstig sein, und mögen die Daten, die Sie nun zu lesen verstehen, Sie zu prosperierenden Ufern führen. Die Landkarte liegt vor Ihnen, die Werkzeuge sind in Ihren Händen, und der Horizont ist weit offen für Ihre Entdeckungen.

Ich bin überzeugt, dass die Erkenntnisse und Methoden, die Sie in diesem Buch gewonnen haben, Ihnen nicht nur helfen werden, Ihr Unternehmen profitabler zu steuern, sondern auch mehr Freude und Souveränität in Ihrer unternehmerischen Rolle zu erleben. Die Fähigkeit, klare finanzielle Entscheidungen auf Basis solider Daten zu treffen, ist eine der wertvollsten Kompetenzen, die Sie als Unternehmerin oder Unternehmer entwickeln können.

Nun liegt es an Ihnen, die nächsten Schritte zu gehen. Wählen Sie einen Aspekt aus diesem Buch, der Sie besonders angesprochen hat, und beginnen Sie mit dessen Umsetzung. Vielleicht ist es die Strukturierung Ihrer Datenkategorien, die Implementierung einer regelmäßigen Margenanalyse oder der Aufbau eines ersten Dashboard-Prototyps. Wichtig ist nicht die Perfektion beim ersten

Versuch, sondern der Beginn eines kontinuierlichen Entwicklungsprozesses.

Ihre Reise zur finanziellen Klarheit und strategischen Profitsteuerung hat gerade erst begonnen. Die wirkliche Transformation wird sich entfalten, wenn Sie die Konzepte und Methoden in Ihre tägliche Praxis integrieren und sie zu Ihren eigenen machen. Dieser Prozess wird nicht immer geradlinig verlaufen, aber jeder Schritt bringt Sie näher an eine souveräne, datengestützte Finanzsteuerung Ihres Unternehmens.

DANKSAGUNG

Die Reise durch die Welt der intelligenten Budgetverwaltung mit Google Sheets wäre ohne die Unterstützung besonderer Menschen nicht möglich gewesen. Mein tiefster Dank gilt allen Unternehmern und Finanzverantwortlichen, die mir in meiner Beratungspraxis ihr Vertrauen geschenkt haben. Eure Herausforderungen, Fragen und Erfolgsgeschichten haben dieses Buch geformt und mit Leben gefüllt.

Besonders dankbar bin ich meinen ersten Lesern, die mit kritischem Blick und konstruktivem Feedback dazu beigetragen haben, komplexe Finanzkonzepte in verständliche, praxisnahe Anleitungen zu verwandeln. Eure Rückmeldungen waren Gold wert.

Mein Dank gilt auch meiner Familie, die meine Leidenschaft für Zahlen und Tabellen mit Geduld und Humor erträgt. Die unzähligen Stunden, in denen ich in Google Sheets versunken war, habt ihr mit Verständnis begleitet.

Zu guter Letzt danke ich Ihnen, liebe Leserin, lieber Leser, für Ihr Vertrauen und Ihre Bereitschaft, die Kontrolle über Ihre Finanzen in die eigene Hand zu nehmen. Ich würde mich freuen, von Ihren Erfahrungen und Erfolgen mit den vorgestellten Methoden zu hören. Jede geteilte Erkenntnis bereichert unsere gemeinsame Reise zur finanziellen Souveränität.

Claudia Graf